# Gabriele Wohmann
# Komm lieber Mai

Gedichte   Luchterhand

Gabriele Wohmann
Komm lieber Mai

# Gabriele Wohmann
# Komm lieber Mai
*Gedichte*

Luchterhand

Lektorat: Thomas Scheuffelen und Klaus Siblewski
Umschlag von Kalle Giese
Ausstattung von Martin Faust

© 1981 by Hermann Luchterhand Verlag GmbH,
Darmstadt und Neuwied
Gesamtherstellung bei der
Druck- und Verlags-Gesellschaft mbH, Darmstadt
ISBN 3-472-86526-1

# Die Abfahrtstafel

Nur diese Frau da drüben
Die sich nicht wegwagt von der Abfahrtstafel
Sieht so aus als würde der Bahnhof
Ausschließlich heute
Einzig und allein für sie
An diesem lang vorgemerkten Tag
Funktionieren, jede Durchsage
Findet nur zu dem Zweck statt
Sie zu verwirren, wozu denn
Diese ganzen Informationen
Wenn sie doch dauernd wieder nicht
Ihrem, so einem einzigen Zug, gelten?
In dem kleinen Koffer da
Liegt sehr ordentlich
Sehr genau durchdachtes Gepäck
Und was sie jetzt anhat
Ist das Ergebnis vieler Ratlosigkeiten
Jetzt stimmt beinah alles
Doch die Routiniertheit sogar der
Ganz kleinen Schulkinder
Der sämtlichen Pendler
Die in aller Ruhe
Einen fast schon verspäteten Nahverkehrszug
(– weiterredend, weiter
In einen Schokoladenriegel beißend: die da
Diese Enkelin! –)
Doch noch erreichen: etwas kränkend
Für die Frau da am Abreisemorgen
ALTE DAME möchte ich sie nicht nennen.

Streng dich doch ein bißchen an
Gib dir Mühe und tu so
Als wärst du NICHT verloren
Ohne mich zum Beispiel
Du hast mir gezeigt
Wie man geht!

# Das Rotkehlchen

Jetzt ist es also endlich gelungen
Anlaß zur Freude
Und die Hochschulverwaltung
Hat für ihn einen Nachfolger gefunden
Von nun an kann er seine Staudämme
In der Phantasie entwerfen
Diesen Ruhestand hat er verdient
Zwei Jahre über die Frist hinaus
War er billig für den Staat
Auf seinem Lehrstuhl
In seiner ungünstig gelegenen Hochschule
Zuletzt hat er die öffentlichen
Verkehrsmittel benutzt
Wie schön für seine Frau
Wenn sie ihm, der abends müde war
Vom Schauplatz Vogelhaus erzählen konnte
Und ihm zuliebe übertrieb sie
Stets ein wenig die besonderen Keckheiten
Seines Favoriten, die Findigkeiten
Vom Rotkehlchen, das ist er gar nicht
Leid geworden, stell dir mal vor
Trotz der siamesischen Katze
Die der Nachbar nicht gut genug beaufsichtigt
Und die dem Rotkehlchen
Wie aus Langeweile und schlecht gelaunt
In seine geräumige Strauchwohnung folgt
Dein kleiner Freund ist wieder der erste
Beim Füttern gewesen!
Am Abend mit der guten Nachricht

Vom endlich gefundenen Nachfolger
Von den bevorstehenden häuslichen Zeiten
Erfindet die Ehefrau zwischen lauter Glückwünschen
Die schlechte Neuigkeit
Aber sei nicht ZU traurig
Nur: das Rotkehlchen
DAS ist jetzt leider
Schließlich doch gestorben.

## Schnee

Also, dieser Schnee ist mir der liebste!
Er fällt in der Gegenrichtung
Im Wetterbericht taucht er nicht auf
Andere Teilnehmer an diesem
Kurzen und nächtlichen Wintergeschehen
Gibt es nicht und nur wir beide
Bewundern diesen weißen Belag
Auf den Steinplatten:
Genau so, nach einem Schneeirrtum,
Hat ja gerade noch im Abenteuer-Film
Der Sand von Burma bei Mondlicht ausgesehen.
Komm mit mir raus, ich werde dir beweisen
Daß Schnee gefallen ist
(Schön fest ungläubig bleiben bis zuletzt
Damit du mich an der Hand nimmst
Mit hinaus in die kalte, ganz trockene Nacht!)
WIE SICH EIN VATER ERBARMT ÜBER SEINE KINDER
Du persönlich, wenn man dich fragte,
Du machst dir nicht viel aus Schnee
Höchste Zeit außerdem
Daß die wärmeren Zeiten anfangen
Dieser Winter ohne nennenswerte Niederschläge
Hat schon allzu lang gedauert
Wenn es nach DIR ginge
So wie jetzt, als du mir den Schnee
Dieser Nacht erfunden hast.
Dein Wunsch hat geholfen
Und ich sehe den Schnee an
Der nirgends liegt

Und kein Schnee gefällt mir besser
Als deiner, die Wahrheit
Mitten im Irrtum
Dein Entwurf und der vom Mond
Als das eben noch Burma war
Jetzt
Dein Schnee ist
Für mich.

## Oberstufe

Zunächst habe ich damit begonnen
Einen zeitgemäßen Kindergottesdienst zu machen
Jeden dritten Sonntag
So war es doch?
Die Hausfrau schaut auf ihren Mann
Von dem sie gelernt hat
Wie ihre erste Selbständigkeit
Genannt werden muß.
Er nickt ihr zu, treibt keinen Aufwand
Das kennt er nun alles schon lang genug
Zum Nachweis seiner zeitbewußten arbeitsteiligen
Einstellung zum Hausfrauenproblem
Trägt er eine Schürze mit bunt eingedruckten
Cocktailrezepten, die Schürze ist sauber
Er übernimmt nur das letzte Würzen
Wenn es sich zeitlich einrichten läßt.
Und als die Jüngste zwölf war
Habe ich versucht, mich wieder
In der Schule einzuarbeiten
Ich hatte Glück mit der Halbtagsstelle
Noch genügt mir die Unterstufe.
Die Frau lächelt vorsichtig
Und ungenau in die Richtung
Der bunten Schürze, des Ehemanns.
Ich wollte nicht einfach nur
Das Anhängsel meines Mannes sein
Es bekommt mir besser so wie es jetzt ist
Uns allen – aber die Oberstufe!
Der Mann wird ihr Mut machen

Er sieht jetzt mit mehr Zuversicht
Einer Verbesserung seiner Chancen entgegen
Mit dem Modellflugzeugbau, seinem Hobby,
Kostspielige Sache
Immer weiter zu kommen
Mit besseren Höhenergebnissen.

## Liebe Mutter

Aber als der Brief
Als der lange besserwisserische Brief
Eingeworfen war
Schien er schon bei dir angekommen zu sein
und von dem kurzen Geräusch an
Beim Zuklappen vom Briefkastenschlitz
Ist es aus gewesen mit meiner Erleichterung.
Alles Schwere hat nun so richtig
Mich in Beschlag genommen
Beschwerde, Schwermut,
Was ich dir wegerklären wollte
Ist auf mich zurückgefallen
Schwergewichtig: wie hast denn du
Das früher gemacht mit dem Besserwissen?

## Der Enkel

Du hast jetzt manchmal
Schwierigkeiten mit Wörtern
Die mit einem Vokal anfangen
Und beim Aussprechen vom Firmennamen,
Dieser neuen Vokabel und Adresse
In deinem Lebenslauf,
Dieser ersten und rühmlichen Position
Deines promovierten Enkels,
Überanstrengt sich dein Gesicht
Sieht aus wie beim Lernen
Der allerersten Buchstaben.

## Die ältere Schwester

Ich will mit meiner Schwester spielen
Ich schicke alle andern fort
Ich schicke alle andern ganz weit fort
Nur weg mit allen andern, keine Briefe mehr
Schon suche ich die alten Puppenkleider
Kein Zeichen sonstwohin und nichts mit Reaktionen
Ich will mit meiner Schwester, das hat Sinn
Im Gartentempelchen von früher wohnen
Schluß jetzt mit andern Freundlichkeiten
Allen andern Zielen
Ich will nur noch mit meiner Schwester spielen.
Und diese Freundin da
Was fällt der ein, das ist jetzt ganz wie damals
Sie hängt sich an uns dran, wird also ausgeklammert
Und abgeschoben – ach, wir lachen
Sie alle aus, umarmen uns jetzt für den Photographen
Von diesem alten Bildchen in den Sommersachen
Ich weiß noch wie das war
Am ersten Tag im Jahr mit nackten Beinen
So hell ist deine Haut, so kühl fühlt sie sich an
Du bist so blaß, mein Schwesterchen, seit wann?
Ach laß uns lieber über einen Kinderkummer weinen!
Komm rück doch wieder näher
Komm zum Spielen: jetzt im wilden Teil vom alten
                                        Garten
Mein Schwesterchen mit deinen 50 Rosen
Wer zuerst dran sein soll, das wollten wir doch ganz
                                        gerecht verlosen
Nun wach doch auf, ich kann kein Wort verstehen

Wenn du kein Wort mehr sagst, ich will nicht länger
warten
Sie spielt ja nur! Geduld! Hör auf zu rufen, deine
Schwester
War früher schon als die Ophelia gut
Und Spitzenchristel, auch DAS KRANKE KIND
Erinnerst du dich, Schwesterchen wir sind
Genau wie damals jetzt nur mitten im Probieren
Schau doch, ich hab sie alle weggescheucht
Sie sind ja alle ganz weit weg, vorbei
Mit allem Zubehör, du bist allein mit mir
Dich darf ich nicht verlieren.
Ich will mit meiner Schwester spielen
Wir könnten einen Rollentausch versuchen
Wir haben viel zu oft mich Kleinere, mich Eitle
Mich als den Sieger triumphieren lassen
Ich bin bereit an deiner Statt das ARME TOTE MÄDCHEN
In seinem Schicksal dort am Mühlenrädchen
Vorübergehend darzustellen, DU gewinnst
Wenn du nur noch ein letztes Mal
Aus Schafspelz pures Gold dort spinnst
Ich wage dann sogar dich nochmals anzufassen.

## I

Da fahren sie wieder weg und ich tue ihnen leid!
Die Frau in der offenen Haustür weiß
Daß sie jetzt wie diese
Abbildung
Einer Witwe wirkt
Auf den erwachsenen Sohn mit seiner Familie
Die sind einfach
Nicht zu gewöhnen an sie
Mit ihrem nun schon fünfjährigen
Anrecht auf ein Einzelportrait.
Der Vater fehlt ihr – der Vater!
Was versteht ihr davon, er ist
Mein Mann gewesen!
Die Frau kehrt spät um in der Haustür
Sie macht das alles richtig
Mit dem Nachwinken, winkt aber
Immer auch ein wenig ab
Diesem Eindruck von ihr
Dem etwas ratlosen, etwas
Säumigen Kummer.
Aber wie eifrig sie doch jetzt
Und richtig gern
Diese ganzen verwandtschaftlichen
Geschirrverwüstungen
Ordnet und wegschafft
Beinah mit einer Hast
Als habe sie
Einen dringenden nächsten Termin –

Diese Ungeduld
Die sie sich da leistet!

## II

Sie trauen ihr wirklich
Gar nichts mehr so richtig zu
Sie ist jetzt regelmäßig
Dieser Anlaß zum Bedauern
Mit jemandem wie ihr
Macht man am besten ab und zu
Kleine Scherze am Telephon
Verstellt die Stimme
Schickt zärtliche Reime
Zum Einschlafen
Kündigt einen endlich mal
Schön ausführlichen Kaffeebesuch an
Dann aber, liebe Mutter, dann
Reden wir über alles
Mit ihrer Zeit kann man völlig frei
Verfahren, sie muß ja
Alles immer einrichten können
Sie ist jetzt so froh:
Am 19. 3. um 15 Uhr 30!
Das gibt eine Abwechslung, Mutter!
Es wird so turbulent sein
Wie in alten Tagen.

## III

Schluß jetzt mit dem Winken!
JETZT ist sie wirklich so froh
und wird für ALLEINGELASSEN gehalten
Sie fühlt sich erleichtert
Eigentlich sind ihr neuerdings
Diese ganzen jüngeren Leute
Ein bißchen langweilig

Weil sie nicht mehr gut hört
Doch der höfliche Enkel, der laut sprach
Hat nicht gemerkt
ZUHÖREN wollte sie nicht!
Gustav Mahler und diese Parallelen
Wie doch das Ernsthafte eine Spur
Lächerlich wirken kann
»Lauter Wiederholungen«
Denkt sie manchmal
Und immer öfter
»Das hatte ich schon«
Und die Enkelin
Gibt ihr, dieser Alten, zuliebe
Etwas an mit komischen
Nachmittagsabenteuerlichkeiten
Wenn sie mit vier Freunden zusammen
Diese – sind das nicht verbotene? –
Zigaretten raucht
Sie meint doch
Genau wie ihr Bruder
Und wie alle Jungen
Daß es grundsätzlich hochinteressant sei:
Sämtliches Jungsein mit Studium
Mit Ausflippen, einfach schließlich
Gefährlich und entscheidend
Ach, und mit sehr feierlichen Gesichtern
Beschwören sie nun alle
Die leider leider vergangene Menschlichkeit
Von Großfamilien herauf
So wie die Leute früher zusammenhielten
Großmutter, liebe Mutter, so fänden
Schon auch wir die Verhältnisse besser
Sie sehen jetzt gnädig aus

Aber weiterhin nicht besonders glücklich.
Die Frau gibt nach und läßt sich
Weiter für ein bißchen unglücklich halten.

## Auf der Rolltreppe

Da ist mir klargeworden
Da in meinem Zug ausgerechnet nach Siegen
Daß ich diesen unscheinbaren Februarnachmittag
Nur zum Zweck erlebe
Mich an den 2. Januar zu erinnern
Nur deshalb also, alle Achtung
Hör dir das an, mein Lieber
Hat es Sinn gehabt
Bis heute durchzuhalten!
Und meine unaufgeräumte Stimmung
Hat sich gewölkartig geordnet
Ein Loch im Himmel
Ich sah uns beide
Ein liebes Erinnerungsstück
– Es gibt so alte Gemälde
Mit dem himmlischen Personal
Wie in einem Seitenaltar aus Licht
Umgeben vom üblichen Unwetter
Ausgespart in den allgemeinen
Großwetterlagen für Menschen –
Das waren in dieser Wolkenlücke
Jetzt wir zwei vom 2. Januar
Gegen Abend, erschöpft von Hamburg
Sehr zusammenhaltend
Das muß komisch gewirkt haben
Damals auf die übrigen Passanten
Zwei, die sich auf einer Rolltreppenstufe
Nicht aus der nur für das Gehen gemachten
Geste, so ARM IN ARM, lösen konnten!

Wie verkehrt von mir
Lebensundankbar
Ohne Herzlichkeit
Keine ganz spezielle Beteuerung
An diesem, bis zu dieser Erleuchtung jetzt,
Fadenscheinigen Tag mit der Reise nach Siegen
Hinterlassen zu haben
Und nicht schon bei der Morgenbegrüßung
Vom Gewicht dieses Moments auf der Rolltreppe
Fast erdrückt gewesen zu sein!
Immer wird ja leider
Deine einmalige Unersetzbarkeit
Nur auf die traditionelle Weise gefeiert
Mit dem Mittwochsei
Mit dem frei verfügbaren Porridge
Mit der Schokoladenmilch am Freitag
Was ist denn
Den übrigen Wochentagen
Noch an Ritualen zu verpassen?
Ach: verpassen
Will ich dich nicht mehr
Ich will wieder dorthin
Mit dir auf diese Stufe der Rolltreppe
Unter dem Hauptbahnhof von Hamburg hervor
Komisch angeliefert wie eine Geschenkpackung
Wir zwei zu einem einzigen Gepäckstück
Verhakt und nun abgefertigt
So kommen wir jetzt auf mich zu
Im vollkommen aufgerissenen Himmel.
Für uns.

## Leichte Grippe

Das da in seinem Bett am Fenster
Das ist das kranke Kind
Es wird von seinem Vater ganz allein
Gepflegt und wird schon dicker
Es sieht gemütlich aus
Es langweilt sich und ruft den Vater
Es hat kein Fieber mehr und will was essen
Es hustet absichtlich und möchte Fieber messen.

*

Dann kommt die Sonne raus
Ach Vater, mach mir Schatten!
Ach Vater, wann erklärst du mir das Telephon!
Den Steckkontakt! Ich bin das kranke Kind
Mein Rührei macht mein Vater mir
Mit sehr viel Distelöl und aus drei Eiern
Er liest mir vor, es freut ihn wenn ich wißbegierig bin
Gern setzt er sich zu mir ans Bett beim Fenster hin.
Wann machst du mir mein Bettchen frisch?
Ich will am Abend Kino spielen!
Verwöhn' mich doch, erklär mir mal
Das Lichtjahr! Das Radarsystem.
Und Brückenbauen, Stoff von gestern
Hat das kranke Kind nicht gut genug behalten
Ich habe Halsweh, ruft es, hat kein Halsweh mehr
Es hat schon wieder Lust nach Rührei und
Das freut den Vater sehr.

*

Das da in ihrer umgeräumten Wohnung
Das sind die beiden Zechs

Herr und Frau Zech, sie kommen
So miteinander sehr gut aus
Das waren schöne Ferien, kurz
Ist Frau Zech von Herrn Zech ganz allein
Bei leichter Grippe als DAS KRANKE KIND
Behandelt worden. Etwas dicker
Muß sie nun versuchen leider wieder
die sehr erwachsene Frau Zech zu sein.

## Angst im Alter

Die Mutter geht zurück
Den langen weiten Weg nach Haus
Das ist gesünder so
Als in ein Taxi zu steigen
Vom Auto des Schwiegersohns
Hat irgendein Fastnachtsrowdy
Den Rückspiegel abgerissen
Daß die Tochter der Mutter erklärt hat
Ohne Rückspiegel dürfe man
Das Auto nicht benutzen
Ist überhaupt nicht nötig gewesen.

*

Sowieso nutzt sie immer gern
Einen Rückweg
Zum Erinnern,
Auch für das Glück
Dankbar, richtig dankbar
Geht sie zurück.

*

Was für eine gute Überraschung:
Die Kinder haben diesmal
Passend zum Datum
Vor dem die Mutter aus ihrem Viertel
Mit zu vielen Fastnachtskindern
Geflohen ist – ausgerechnet sie
Mit einer kinderreichen Vergangenheit –
Ihre gut beratenen
Gut verheirateten, sehr berufstätigen Kinder

Haben diesmal verkleidet in der
Haustür gestanden!

*

Jetzt auf dem Rückweg
Muß die Mutter noch einmal
Richtig lachen: über den Schwiegersohn
In einem langen blauen Nachthemd
Das obenherum viel zu eng war
Und mit einem roten Kopfputz!
Wie lieb von ihm,
Und von der Tochter als Ganove.
Nur: warum drängt sie ihr denn
Immer den coffeinfreien Kaffee auf?
Die Mutter verträgt schon noch
Alles, wie alle andern Leute
Ganz genau so.

*

Später hat dann dauernd
Das Telephon geklingelt
Und in ihren Verkleidungen
Sind die Kinder sehr beschäftigt gewesen
Zum Thema ANGST IM ALTER soll
Die Tochter Hals über Kopf
An einem kompliziert entfernten
Drehort mit einer Moderatorin diskutieren
Die Tochter hat ein bißchen zu leise
Ganz verlegen ANGST IM ALTER gesagt
Der Schwiegersohn studierte das Kursbuch
Und Flugpläne, und die Honorarhöhe
Paßte den beiden auch noch nicht
Wieder rannte die Tochter, ganovenhaft
Zum Telephon und DAS HÄTTE ICH GAR NICHT GEHÖRT

War auch bei diesem Geklingel
Die Reaktion von der Mutter.

*

Dann aber haben, anscheinend war nun
Die Honorarfrage geregelt,
Diese vollbeschäftigten Kinder
Im Schutz ihrer ulkigen Kostüme
NUTZEN WIR DOCH DIE GELEGENHEIT gerufen.
Und: Sag doch du was zum Thema, Mutter.

*

Jetzt führt, auf der letzten Strecke
Ihr Rückweg westwärts
OH DIESER ABENDHIMMEL!
Mondsichel und Venus, diese zwei
Als spielten sie fastnachtsmäßig mit
Fast ein bißchen türkisch
Sieht das aus, und die Mutter
Wird gar nicht daran erinnert
Daß sie, mit 78 Jahren beim besten Willen
Nicht berechnen kann
Zum wievielten Mal sie doch schon
Genau diesen Anblick
Genau so bestürzend gefunden haben muß.

*

Gleich wenn sie zu Haus ist
Will sie die Kinder anrufen
Und BITTE SCHAUT EUCH MAL DEN HIMMEL AN
Dringend vorbringen.
Das wird nichts zum Thema sein.
ANGST, das hat die Mutter aber
Schließlich doch beigetragen,
HAB ICH VOR SOLCHEN SENDUNGEN IM FERNSEHEN.
Sahen die Kinder etwas gekränkt aus?

Die Mutter war pflichteifrig und hat sofort
Von ihrer Angst beim Säubern der Küchenschränke
Erzählt, DA BEKAM ICH ANGST VORM NÄCHSTEN MAL
Sie konnte es schon dieses Mal
Nicht mehr so gut wie früher
Das Auf- und Absteigen vom Küchenstuhl.
Wie vorsichtig doch die guten,
Die besorgten großen Kinder
Gelächelt haben!

\*

Die Mutter ist zurückgekommen
Jetzt müde, noch satt vom Kuchen
Der coffeinfreie Kaffee hilft nicht
So richtig bei der Verdauung
Aber wie gut gemeint das meiste
Vom heutigen Tag doch war:
Die Maskerade der Kinder und
Der verblüffende Einfall
Am Abendhimmel!
TUT MIR DEN GEFALLEN
BITTE BETRACHTET SOFORT
DEN HIMMEL IM WESTEN!
Und: SEID IHR DENN NOCH VERKLEIDET?

\*

Daß sie JA gesagt haben!
Es kann gut sein, es kann wirklich
Sehr gut möglich sein
Daß die Tochter doch ganz viel
Von der ANGST IM ALTER versteht.
Genauso wie der Schwiegersohn
Mit seiner Gewissenhaftigkeit
Bei sämtlichen Wegstrecken
Und niemals ohne einen Rückspiegel.

Die Mutter wundert sich: sie ist plötzlich
Überhaupt nicht mehr wirklich verwitwet
Aber allein im Haus und doch
So richtig zurückgekommen.
Das hat mit uns beiden zu tun
So bedenkt sie den Augenblick
Und ihren Mann
Bei dem sie nie ins Stottern kommt
Mit dem heutigen Erzählstoff schon gar nicht
DENK MAL DIE KINDER
SIE SPIELEN NOCH IMMER
DAME IM NACHTHEMD UND GANOVE
Und: ohne die ANGST IM ALTER
Hätten sie sich nicht verkleidet
Wäre der Abendhimmel
Viel weniger wichtig
Dankbar, dankbar so richtig
Bedenkt die Mutter ihren Anteil, ist zurück.
Aber nicht ganz ohne Angst
Betrachtet sie ihren Vorrat
Ihr Glück.

## Zwei Kunstliebhaber

Da kommt der Abend und es geht noch immer gut
Sich mit dem Mond zu unterhalten
Sie hat jetzt lang genug versucht
Wie eine Zeitgenossin angestrengt
Die Kunst der Gegenwart auf allen vier Gebieten
Zu schätzen, doch da steht der Mond
So gelblich und so altmodisch und beinah voll
Sie weiß nicht recht
Ob sie sich bis zum letzten Augenblick
So quälen soll.

Es leuchtet ein, das rahmig milde Licht
Vom Mond, und GUTER MOND sagt sich
Von allen komplizierten Anreden am besten
Wie gut das klingt: DA WEINT ES BITTERLICH
Das Lied vom Himmelszelt, auch das vergißt sie nicht
Jetzt steht auch noch der Abendstern im Westen.

Am nächsten Morgen aber traf sie diesen alten Mann
Und Freund der Schönen Künste, Cellospielen
Hat er aufgegeben, doch Gedichte schreibt er noch
Er war sehr zornig über ein Theaterstück
Auch die Regiearbeit gefällt ihm jeweils nie mehr
Er schimpft herum, weiß nicht was los ist, wird
Beim nächsten Mal wahrscheinlich überhaupt nicht
wählen –
Da ist ihr die Geduld gerissen
Da ließ sie ihn von ihrem Trick nichts wissen
Da wollte sie vom Guten Mond und Abendstern
und Himmel ihm kein Wort erzählen.

## Die junge Witwe

Nach seinem Tod
Fand sie es nicht mehr sinnvoll
Die Abbuchungen zu kontrollieren
(Er hatte ja öfter mal
Fehler vom Wasserwerk
Fehler zu ihren Ungunsten
Entdeckt, oder waren das
Die Stromrechnungen?)
Und um einen Frühjahrsschnitt
(Falls das nicht im Herbst fällig war)
Der kleinen Haselbüsche, der Teerosen
Kümmerte sie sich ebensowenig
Wie um günstige Bahntarife
Sonderangebote
Sie las nicht die Rubrik
ERLOSCHENE FIRMEN
Zweckmäßiges Verhalten
Gab sie ringsum auf
Treu kam sie sich vor, war treu.
Sie ist traurig, für nichts mehr
So richtig zu gebrauchen.
Sie zog aber eines Tages plötzlich wieder
Diese Lidschatten
Und die Augenbrauen nach
Wie er es gern hatte
Ganz früher, sehr viel früher
Ganz lang bevor sie das
Damals zu seinem Bedauern
Sein gelassen hatte!

Wozu die Fingernägel schneiden?
Sie schnitt die Fingernägel
Bis sie diese Frage
WOZU DENN
Mit seiner ziemlich beleidigten Stimme
Wie Originalton
Lästig, fast wirklich lästig
In sich hörte und
VERRAT empfand, EHEBRUCH!
Aus Treue schwor sie
Dem Schneiden der Fingernägel ab.
Als sie sich besser fühlte
Deutlich als Witwe
Richtig traurig, für nichts mehr
So richtig zu gebrauchen
Es war morgens
Da ertappte sie sich
Bei einer neuen Gewohnheit
Und sie konnte nicht aufhören damit
Sie mußte weitermachen
Mit ihrem Kreuzchen-System
Beim Durchlesen der Fernsehprogramme
Für den Abend
Ohne ihn, aber
Mit einem gewissen Vergnügen!
Schnell hat sie ihr neues Gebet gesprochen
Und ER HÄTTE ES LIEBER SO geflüstert.

## Lohnender Aufwand

. . . und wie furchtbar überflüssig
alles in allem
an diesem Bahnsteigmorgen teilzunehmen!
Schon wieder Frühjahr
Lohnt sich der Aufwand?
Aber dann bemerkte ich die Frau mit der Pelzkappe
Sie konnte und konnte diesen Vorgang
Nicht für beendet halten
Und fand immer noch Schuppen
Auf dem Mantelkragen ihres Mannes
Der Mann sah sich selber von ganz früher ähnlich
So hat seine Mutter ihn zurechtgestutzt und gepflegt
Vor seinen Schulgefährten
Was Frauen mit ihm machen
Ist von jeher so nötig und etwas peinlich.
Diese Zwei halten das Frühjahr
Mitsamt bodenständigem Bahnhof
Und Gewohnheitsrecht auf den SIEG-Kreis
Für sie ganz persönlich
Nun wieder angebracht.
Sie verreisen für etwas länger
Das Wetter ist längst zu mild aber
Die Pelzkappe hat es sein müssen
Der Mann tut vergeblich so
Als kenne er seine Frau nur flüchtig
Sie klopft ihn ab und er macht
Sein entrücktes Gesicht
Ihn interessiert die Rangier-Lok

HAST DU HUNGER — ERST SPÄTER

Will er sich mit diesem SCHULBROT
Genieren müssen
Das Brot sieht bestimmt so langweilig aus
Wie es vielleicht gar nicht schmeckt
Und mit diesem uralten Rechthaben
Der Frauen gegenüber den Männern
Wird diese Frau dann diesem Mann
Furchtbar gründlich
Die Krümel austreiben.
Aber wie sie zusammengehören, die beiden
Einer des andern Ermöglichung
Es gab Zeiten, da hielten sie
Eine weniger starre Weichenstellung
Für gut denkbar, für sehr gut denkbar
Sie haben sich ihre üblichen Vorwürfe
Gesetzestreu gemacht
– furchtbar überflüssig, furchtbar gründlich! –
Lang her, längst
Ist dieses heutige Frühjahrsgehabe
Ihr alter Stammplatz
Im Schindel- und Schiefergrau des 14. 3.
Sind sie auf das einheimische Stadtgewächs
Abonniert und mit dem mürrischen Einverstandensein
Von richtigen Abonnenten machen sie ganz gern
Weiter im Text,
Mit der Unvernunft der Pelzkappe bei mildem Wetter
Mit den ewigen winzigen wichtigen Unsäuberlichkeiten
Auf den Textilien eines Ehemanns
... und ich habe plötzlich, den Blick nicht abwendend,
Beschlossen
Nicht mehr ohne dich über die Schwelle zu gehen
Und etwas furchtbar Überflüssiges

Furchtbar gründlich zu tun:
Schönes Frühjahr
Könnte ich dir sagen.

Komm lieber Mai . . .

Heute hat sie eine nicht bezwingbare Lust
Ihm zu huldigen, sie ist
Damit aufgewacht, frohlockend
Grundlos so glücklich
Das muß die reine Biologie sein
Sofort gerät sie geradezu
Ins Schwärmen, sie lobt und feiert
Den Anblick, den er im Bett bietet
Das himmelblaue Schlafanzugsoberteil
Du siehst dermaßen schön aus
Ich weiß keinen Menschen auf der Welt
Der das fertigbringt
Gleich nach dem Aufwachen
Tatsächlich unmittelbar danach
So glatt und wie frisch gebadet auszusehen
Überhaupt bist du so unverschrumpelt
Und wie gut er Auto fährt,
Mutig aber mit Verstand mutig,
Kann sowieso jederzeit vorgebracht werden
Es gibt noch mehr Qualitäten
Die ihr aus dem Stegreif einfallen
Oh sie liebt ihn
Er übernimmt es
Sich um die Lebensmittelbestellung zu kümmern
Ein anstrengender Tag
Den er da vor sich hat.
Mitten im Winter
Singt sie, allmählich ziemlich laut
KOMM LIEBER MAI UND MACHE

Sie umarmt ihn auswendig
Und stürmisch wie
Eine ganz neue Frau
Für einen ganz neuen Mann
Findet sie jetzt
Die Idee ausgezeichnet
Mit ihm einen Stadtbummel zu verabreden –
Heut paßt es nicht
Du hellblauer Wagenlenker
Du JOLLY GOOD DRIVER
Was macht sie so überschwenglich?
Sie hat nichts Besonderes vor
Und freut sich ins Blaue hinein
Auch aufs Nachwinken
Da fährt er los, in 10 Minuten,
Ein paar Probleme mehr als üblich
Auf dem Programm
DU ARMES, singt sie
Nach der Frühsommermelodie
Während sie in die Obstschublade
Vom Eisschrank schaut
– Den Eisschrank abtauen!
Das will auch er übernehmen –
Immerhin, gezögert hat sie
Sehr gezögert
Kurz vorm dann gefaßten Entschluß
Ihm einen Apfel mitzugeben
Der gegessen werden muß
Einen von der weniger beliebten Sorte
Es tut ihr ganz schön leid
Aber nachdem er
KANNST DU EIN BISSCHEN LEISER SINGEN
Gefragt hat, fiel ihr ein

Daß ihm das nicht weiter auffällt
So etwas Nebensächliches
Wie: eine Stelle am Apfel
Eine kleine Einbuße, die nicht so heißgeliebte Sorte.

# Der Briefträger

Die Nachbarin war ja so verwundert,
Und hat mich
DAS HAST DU WIRKLICH NICHT GEWUSST
Gefragt, gelacht hat sie auch
Aber ein bißchen kritisch
Irgendwo muß ja auch ein Briefträger
In seinem ausgedehnten Bereich
Gelegenheit haben ein WC aufzusuchen.
Mich zog er nicht in so ein
Allzu persönliches Vertrauen
Ich bin doch auch
Freundlich zu ihm
Spreche vom Wetter
Erwähne seine neuen Schuhe
Rate ihm
Die Mütze aufzusetzen
Kaum ein Montag
An dem ich nicht auf seine
Montagsbemerkung
DÜNN HEUT: MONTAGSPOST
Eingehe und SEHR ERFREULICH sage.
(Im Unterschied zu ihm
Weiß ich, daß ich ihn damit
Jedesmal ein bißchen kränke)
Und die Samstage kannst du zählen
An denen ich vergesse
Seinen Wunsch
SCHÖNEN SONNTAG
Zu erwidern, wozu ich lächle

Stell dir vor: ICH und LÄCHELN
Wenn es um SCHÖNE SONNTAGE geht!
Das sind täglich Opfer
Auf meine Weise
Aber die Nachbarin fand er
Von Anfang an vertrauenerweckender
Wie denkst du darüber, frag ich dich
Was mich betrifft: ich bin
Ziemlich erschüttert über uns
Wir schicken auch diese Sammler
Für die Petrus-Gemeinde immer weg
Im Zugabteil heut nachmittag
Habe ich ein Werbeschild
Fürs Besserwerden, caritative Organisation
Oder so was
Zudringlich und als schlechtes Design empfunden
Weißt du, ich kann mir das leisten
Und da ziehe ich dich schon mit
– Ich glaube wirklich –
Überall den Handlungen abzuwinken
Den Aufforderungen
Den Anreden per DU
Ich leide ausführlich
Stammbaumförmig verästelt
Keines Anlasses bedürfend
Und übel nimmt der Liebe Gott
Sowieso überhaupt nichts –
Nur der Briefträger, er hätte
Ja niemals riskiert
Sehr sympathische gepflegte Leute wie uns
Auch in der Mitte seines Bezirks
Günstig wohnend

Nach dieser normalen
Furchtbar vertraulichen Sache
Zu fragen.

## Babykost

Er macht noch immer jeden Monat einmal
Seine Dienstreise nach Holland
Und er nimmt auch noch das Auto
Es macht ihn unabhängiger
Er und seine Frau, sie beide
Beratschlagen manchmal
Ob er nicht eines Tages
Für mehr Ruhe sorgen und
Die Bahn benutzen sollte
Vielleicht wird sie
Um das Neue daran auszuprobieren
Ihn dann wieder begleiten
In ihr Lieblingsland schließlich!
Er hat ihr das überhaupt nicht ausgeredet
Das Mitfahren auf den Dienstreisen
Plötzlich hat es ihr ganz von selbst
Ganz ohne sein Zutun
Genügt – wahrscheinlich weil die kleine Gruppe
Aus Porzellanhäusern im Puppenformat
Mittlerweile zur Straße angewachsen war –
Zu Haus zu bleiben.
Er bringt ihr von jeder Reise
Ein neues Haus mit
Und an dem Platz dafür
Hat sie mittlerweile eine richtige
Straßenecke gebildet
Immer weniger Bücher stehen noch im Regal
Wo jetzt ihr Spielzeug-Holland
Aus blaubemalten weißem Porzellan

Schon einer städtebaulichen Planung
Bedarf, der Wirklichkeit bedarf sie
Immer weniger.

\* \* \*

Sein Familienleben gefällt ihm.
Nur manchmal macht er sich Sorgen.
Zum Anvertrauen fällt ihm
Keiner ein. Neulich beim Zahnarzt
Der ein netter Kerl ist
Der zügig starke Schmerzmittel verordnet
Der außerdem sich im Mundraum
Seiner Frau sehr gut auskennt
Der sie also besser kennt als die meisten
Neulich nach der Behandlung
Hat er eine Andeutung gemacht
Und MEINE FRAU LEBT ETWAS ABGEKAPSELT
Gesagt, schwer verständlich
Mit einem tauben Gefühl links
Nach der menschenfreundlichen Injektion.

\* \* \*

Und der neue Kollege im Betrieb
Das ist endlich mal einer
Ausnahmsweise
Den er sympathisch findet
Den würde er gern mal abends
Zu sich nach Haus bitten
In der Mittagspause
Hält er sich jetzt nicht mehr abseits
Sondern hat diese Gesellschaft
Vom neuen Kollegen:
Der erste, dem keine geringschätzige
Keine neugierige Bemerkung
Herausgerutscht ist beim Anblick

Der Babykost aus den drei kleinen Fläschchen
Mit Mutter- und Kind-Etikett.

\* \* \*

Kann ja sein, kann gut sein
Daß etwas Kontakt zu andern Leuten
Uns gar nicht so schlecht
Bekommen würde, soll er
WAS MEINST DU DAZU MEIN LIEBES sagen?
Dieser neue Kollege
Ist mit einer berufstätigen Frau
Verheiratet, hat ebenfalls Probleme.
Haben sie nicht alle
So wie sie da sitzen
Er sieht ihre Rücken, ihre Hinterköpfe
Im Großraumbüro
Von der Klimaanlage umsäuselt
Allesamt diese armen Teufel
Ihre Probleme, wie sie so vor
Sich hin sterben!
Immer noch
Für oder gegen Atomkraft
Sein müssen, Raucher und Nichtraucher
Und Energiesparer mit Bedenken
Gegen allzu viele Finanzspritzen
Für die Entwicklungsländer!

\* \* \*

Seine Frau macht jetzt im Haushalt
Nur noch das Abstauben derjenigen Horizontalen
Auf denen keine Gegenstände arrangiert sind
Daß ihr blauweißes Holland
Verstaubt findet sie so schön wirklich
Neue Häuschen, von neuen Dienstreisen
Heben sich von den älteren Porzellanfassaden

Deutlich ab: er sieht gern zu –
Und gegen Abend fast sorgenfrei dabei –
Wenn sie lacht, in die Hände klatscht:
SCHAU NUR, WIE WIRKLICH!

\* \* \*

Sie schmeckt ihm ja schließlich
Diese Ernährung für Kleinstkinder
Er entbehrt sie aber nicht
Auf den Dienstreisen, nicht
In Holland. Früher, als es anfing
Mit der Sammlung, da waren
Die kleinen Häuser noch richtig
Mit Genever gefüllt!
Der Zahnarzt ist die einzige Person
Aus ihrem jetzigen Bekanntenkreis
Der höchstwahrscheinlich diese uralte
Diese verzerrte Erinnerung
In sich hervorkramen könnte
Und der dann die sehr betrunkene Frau
Dort fände, dort auf dem Behandlungsstuhl
Dort in seinem Gedächtnis
Ein netter Keil, ein kluger Kopf
Mit der zügig beschlossenen
Hochdosierten Indikation damals
Und er könnte vielleicht mal zum Zahnarzt
MEINE FRAU ISOLIERT SICH sagen.

\* \* \*

Den neuen Kollegen
Würde er, aber ohne seine berufstätige Frau,
Besser ohne sie, vorläufig noch,
Ganz gern mal auf ein Gläschen Wein
Zu sich nach Haus bitten
An einem Samstag abend

Wenn er das Haus in Schuß gebracht hätte
Es sieht dann sehr passabel
Bei ihnen aus.
Aber IHR müßte er dann sagen
Heute abend bitte ausnahmsweise
Nur heute abend mal, bitte,
Da läßt du es, mein Liebling, ja?
Da bist du mal nicht um halb zehn
Der Nachtwächter
Da brichst du nicht auf
Nach Holland
Bringst sie nicht ins Bett
Deine Einwohner, ob das geht, Gutes?

\* \* \*

Andererseits –
Schon recht: obwohl es ihn auch bekümmert –
Sein Familienleben gefällt ihm
Jede Lebensform ist ein Ergebnis.
Bei jedem andern im Betrieb
Ist so oder so diese Gegenwart jetzt
Nur eine Folge von etwas
Er immerhin, er kann diesem Beschluß
Zuschauen: wenn seine Frau mit der Stadt spielt
Es sieht wie eine Scharade aus
Und plötzlich weiß er die Lösung:
DAS GEBET, wie unvorsichtig es doch wäre
Diesen Draht zwischen dem Rätsel und seiner
Zum Spielzeug verkleinerten Familie
Anzufeilen! Es stimmt ja auch
Sie hat ja wahrhaftig noch
Diese blanken braunen Knopfaugen
Vom vergrößerten Kinderphoto.
Besser, sie behalten das bei

Und sie erleben ein Ereignis wie
ENTTÄUSCHUNG nur als Spiel
Das Spiel DROHEN, das Spiel
EINKAUFEN ALS ERWACHSENE FRAU
Und machen weiter den Ernst
RÜCKKEHR VON DER HOLLANDREISE
Ich hab dir diesmal gleich
Zwei neue Häuschen mitgebracht
Nur warte, bis ich die Haustür ganz fest
Hinter uns geschlossen habe
Warte damit – VATER UNSER!
LASS SIE SO LANG WENIGSTENS NOCH WARTEN!
Dann darfst du mit der lauten
Krähenden Babykoststimme
Mich VATER VATER rufen.

## Das Glück zu Dritt


Ach Vater, lieber Vater
Laß das doch! Du kannst das
Selber nicht vernünftig finden!
Du paßt nicht gut hierher
Ins KLEINE HAUS vom neuen STAATSTHEATER
Wo der Verputz auf Kunststoffpolster fällt
– Du bist in Stimmung, unvernünftig!
Das könnte auch die Krankenkasse sein
Die Kreissparkasse ist genau so
Ausgeleuchtet, Vater, schau nur
Da sitzt auch längst nicht mehr dein Fräulein Bechtold
An der Abendkasse, diese Neue
Hat ganz und gar nichts weiter vor
Mit mehr privaten, mehr persönlich
Gefärbten Sätzen und hat keinen Blick
Für Leute so wie dich – so Leuten
Sieht man an, daß sie die Stücke kennen
Daß sie zum Spielplan eine Meinung haben
Weg sind die Garderobièren und die Platzanweiserinnen
Sind auch wie Bodenpersonal von einer Fluggesellschaft
So kühl und affektiert und blau verkleidet
Und ich finde
Es wirklich nicht so sehr geschickt von dir
So eine alte Liebe wie
Die Liebe zum Theater
Noch einmal aufzuwärmen
Achtung: Kommt da nicht der Vater?
Er sieht genau so aus, der kultivierte Mann
Da drüben, er setzt die Brille auf und ab

Was er auch mit der Brille macht, er kann
Den Texten im Programmheft wenig abgewinnen
Auf uns zwei, seine Kinder, wirkt es so
Als habe er sich nur hierher verirrt
Und trotzdem sieht er gut gelaunt aus
Vater, so laß das doch
Und solche Brillen
Trägt heutzutage keiner mehr
Auch goldene Uhren zieht kein Mensch
Aus Westentaschen, Westen!
Was hast du dich so angestrengt
Du bist der einzige, dem es das wert war
Kaum noch für Friedhöfe benutzt man
So einen schwarzen Anzug
Nur die Frauen, manche Frauen
– Keine dabei die deinen Beifall fände –
Beharren noch auf festlichen Verwandlungen
Damit der Abend sich hervortut
Als Feier in den namenlosen Wochen
Die Kleine mit den fetten weißen Händchen
Hat schon am Vormittag geduldig
Kirschrot die Fingernägel zugepinselt
Vorsicht: ist das nicht der Vater?
Komm, laß uns besser dorthinüber gehen
Hat denn der Vater diese Vorstellung
Für nicht besonders gut gelaunte Abonnenten
Mit der Première – und warum? – verwechselt?
Warum nur hält er Ausschau? Vater, laß das
Keinen kennst du, und mit uns
Den Kindern, die dir früher
In Schauspiel oder Oper, im Theater
Gesellschaft leisteten als deine Gäste
Mit uns kannst du doch nicht

Im Ernst gerechnet haben!
Der Vater sieht ja richtig keck aus
Er freut sich auf das Stück
Das Stück heißt GLÜCK ZU DRITT
Ist von Labiche, er liebt Komödien
Hat sie geliebt, mein Vater
Sieh doch ein und sei vernünftiger
Versteh doch, diese jetzige Epoche
Ist nichts für dich, in deiner Stadt von damals
Hat die gesellschaftliche Lage
Sich sehr gewandelt, du bist sieben Jahre lang
Nicht da gewesen, wir gehn jetzt allein
Mit selbstbesorgten Karten ins Theater
Schau dich doch nicht so suchend um
Nein auch die Kreiers haben längst
Nicht mehr die Freitag-Abend-Miete
Und nötig ist es nicht
Die Platznachbarn zu grüßen
Und diese kleinen höflichen
Verbeugungen nach links und rechts
Auch die macht keiner im Publikum
Vom neuen STAATSTHEATER
Du überanstrengst dich, das ist
Zusätzlich etwas lächerlich geworden
Aufgepaßt: dort sitzt der Vater!
Jetzt hat er uns erblickt und sieht
Noch immer gut gelaunt aus
Noch immer scheint er stolz zu sein
Auf seinen Trick, es gibt ein Photo
Von ihm als kleinem Kind, ganz kaffeefarben
Da hat er kurz zuvor den ganzen grämlichen
Erwachsenen Erziehern einen Streich gespielt
Ach Vater, merkst du nicht, der Vorhang

Ist nicht mehr dunkelrot wie damals
Geht nicht mehr
Mit dem Geräusch von damals auf
Für einen Pfarrer bist du eigentlich von jeher
Zu gern und auch zu oft und immer auf dem besten Platz
Ganz vorne in der Mitte im Theater
Gewesen, Lieblingsautor: Shakespeare
Shakespeare's Komödien, hast für einen Pfarrer
Zu viele Amtshandlungen nicht recht leiden können
Speziell Beerdigungen – nun zu deiner:
Dir ists recht so, daß wir selten kommen
Dorthin zum Grabstein, wo der Gärtner
An unserer Statt und deinem Sinn
Für dichte Bühnenbilder ganz entgegen
Die Pflanzen klein hält, wo es kahl ist
Doch sei vernünftiger und schau dich hier um
Es ist auch kahl im KLEINEN HAUS
Und es kann dir so richtig
Nirgendwo mehr gut gefallen
Das muß ein Irrtum sein, das jetzt mit dir
Du siehst allmählich auch enttäuscht aus
Jetzt hast du uns verstanden und du scheinst
ES IST JA NICHT FÜR IMMER, IST NUR JETZT MAL
NUR AUSNAHMSWEISE aufzusagen
Ja du entschuldigst dich für deinen Mut
Von der Komödie GLÜCK ZU DRITT
Für dich und deine Kinder in der ersten Reihe
Diese Versuchsanordnung hier gewagt zu haben
Hallo, sag mal: ist das nicht der Vater?
Die Stimmung ist ihm jetzt verdorben worden
Das Bild vom kleinen Kind, milchkaffeeblaß
Zeigt nun den Zustand nach der Lust an einem Streich
Die Ohren stehen etwas ab, man hat ihn sehr ermahnt

Bei Widerstand und Trotz wirkt er beleidigt
Ach Vater, sehr enttäuscht, ach lieber Vater
Bist nicht nur du, das sind erst recht
Wir Überlebenden, so Personen
Die immer weiter noch zum Beispiel
Ins Theater müssen, Leute
Die einen Einfall wie du ihn gehabt hast
Nicht besonders würdig finden
Diese Rückkehr da
Zu ziemlich langweiligen Hinterbliebenen
Theaterpublikum! Ich wollte mir doch lieber
Deine Auferstehung viel entfernter,
Intelligenter, viel diskreter
Denken, lieber Vater
Ungern verdanken wir dir jetzt
Das GLÜCK ZU DRITT im KLEINEN HAUS
Vom neuen STAATSTHEATER.

# Höflichkeit

Dieses Publikum von heute abend
Ist nicht das erste, im Gegenteil
Es haßt genau wie jedes andere
Die Diskretionen, die Verkrampftheiten:
Das sind sie doch, eine Höflichkeit
Zum Erbrechen, alles unwahrhaftig
Und im kleineren Kreis wünscht man sich sehr
Daß ich nun endlich mal anfange
Mit der absoluten Offenheit
Von mir aus, also
Nötig finde ich es ehrlich gesagt
Nicht daß ich einen von Ihnen
Jemals wieder treffe
Ich finde Sie ganz nett
Und möchte nicht alles
Von Ihnen wissen
Ihren Brief würde ich schon lesen
Das schon, flüchtig
Aber dann, wenn es nach mir ginge
Am liebsten unbeantwortet
Und sehr rasch zerreißen
Nein, ich habe das nur
Um freundlich zu sein behauptet
Das vom Vergnügen im Schnee
Da bin ich gar nicht gern
Mit Ihnen herumgestapft
Wissen Sie, Ihr Bart
Erinnert mich an einen Maulkorb
Und Ihre Frau

Der ich zuhöre und zuhöre
Ist mir allein akustisch
Eine Last. Aber weil ich
Mich gut benehme
Habe ich das ganze und
Anteilnehmende Verständnis
Ich bediene diesen Schalter
Im Bewußtsein
Ich knipse das reichlich
Gnadenlose, finden Sie nicht:
Das wirklich ziemlich häßliche
Licht Ehrlichkeit aus
Bei dem ich weglaufen würde
Sofort, auf der Stelle
Von Ihnen allen
Weiß nicht wohin
Ohne diese Tarnung
Höflichkeit, unwahrhaftig
Bin ich doch besser weiter
Erst recht Ihnen zuliebe
Wirklich
Gut zu benutzen.

## Amnestie

Kommen Sie einfach nur mal
Zurück aus Bielefeld
Und Sie tun gut daran
Eine Übernachtung im Bielefelder Hof
Hinter sich zu haben:
Hochgelobtes Badezimmer, dann in Bonn
Nur Bonn, nichts weiter, aber mir
Hat sich schon das Übliche verklärt
Und sogar ein sprinterhafter Käfer
Honigfarben auf der weißen Matte
Kaum richtig erschreckt
Im allerdings vom Käfer an
Etwas verdächtigeren Badezimmer
Doch aus Bielefeld sollte man kommen
Damit man den Rhein plötzlich wie zum ersten Mal
Betrachten kann, die Schönheit
Des Hochwasserpechs
Drogensüchtige Möven
Nur mein kleiner Wettlauf
Mit dem Käfer wirkte sich
Als Beeinträchtigung aus
Und der dann ermordete Käfer
Wird Sie eine Spur beschämen
Trotz Bielefelder Hof: Sie wissen
Nicht mehr so recht
Ob ER Sie NACH SEINEM BILDE
Geschaffen hat, Regenwürmer
Werden 16 Jahre alt
Und, einen Mundvoll Feigen,

Habe ich lauter Schimmelpelzigkeit
Gespürt und mutlos wie ohne
Die schlechte Erfahrung Bielefeld
Ausgespuckt, kleinlaut
Und den Vorhang geschlossen
Über der Kirchturmuhr auf dem
Anderen Ufer
Mit ihrer Zeitangabe
Halb ertrunken im Wasser
So ein Trance-Juli
Der im Februar stattfindet
Wenn
Aber nur
Wenn man aus Bielefeld kommt
Das sollten Sie sich vornehmen
Nochmal zurückgewonnen sein
Für untergegangene Bäume
Für ein Hotelzimmer einfach nur
Weil es nach überhaupt nichts riecht
Und Sie müssen sich schon erinnern
An diese sonderbare Okkupation
Durch britische Soldaten
Im Halbdunkel vom Bielefelder Hof
Ich fand aber den Mann gut
Der vollkommen sachlich
Auf meiner Türschwelle
Zudringlich wurde
Einfach arbeitsteilig, einfach
Ohne jede kulturelle Absicht,
Es kommt auf Ihre Erinnerungen an!
Ich, beispielsweise, ich
Die mit dem Nachgeschmack
Ich mache Zucker aus dem Schimmel

Ich hänge so zapplig
Ja nun auch wieder nicht
Am Leben, an welchem Punkt
In seiner Biographie
Habe ich denn aber den Käfer
Unterbrochen?
Als mir der erlegte Käfer einfiel
War es zu spät fürs zweite
Öffnen vom Vorhang
Für die Kirchturmuhr
Auf dem schönen gefährlichen Wasser
Zu spät
Für eine Amnestie und mich selber

## Das fünfte Gebot

Er hat einen Spenderausweis
Er will sich der Gruppe EUROTRANSPLANTAT
Zusammen mit seiner Tochter
Die endlich das Alter dafür erreicht hat
Als Beitragszahler anschließen
Ihr Familienleben ist so harmonisch
In der Krankheit
Richtet die Frau sich wie in einer
Berufstätigkeit ein
Das ist ein gut funktionierendes System geworden
Betrübt sind sie alle
Aber Sie sollten nur mal sehen
Wie erst recht
Wir uns dann schon über
Die unscheinbarsten Kleinigkeiten
Freuen können
Herzliches Lachen
Wie überrumpelt sie nämlich aussehen
Unsere Besucher, diejenigen armen Teufel
Die vom Nikotin nicht lassen können
Herzlich lacht unsere kleine erkrankte Familie
Wenn so ein Besucher
Sofort im Entrée die erste selbstgemalte
Nichtraucher- die Rauchverbotplakette
Entdeckt und ihm alles vergällt ist
Trauriges Los dieser Abhängigen
Wir finden uns hilfreich
Haben Sie keinen Vermerk wenigstens
Im Paß, Sie würden doch hoffentlich

Alles tun damit andere Menschen
Irgendein bedauernswerter anderer Mensch
Ein paar Jahre
Wie neugeboren
Weiterleben kann
Irgendso ein reaktionärer Typ
Jemand Einfallsloses
Ein Mitläufer, ein Selbstgerechter
Er geht heute abend
Zu einer Diskussionsrunde.
Als Abgesandter der Gruppe EURO-Transplantat
Bezirk Ostwestfalen-Süd
Weiß er authentisch
So Bewegendes zum Bereich NIERE
Etwas schade
Daß NIEREN schon ein wenig
Abgedroschen sind
Aber mehr unter den
Sowieso Eingeweihten
Andere, Leute wie mich,
Gilt es nach wie vor
Aufzurütteln
Ich hätte das wirklich nicht
Hier in dieser Familie
Stolz vorzeigen sollen
Das Photo meines Lieblingstoten
Diese unversehrte Abbildung
Eines Unversehrten
Ihm hat man überhaupt nichts entnommen
Finden Sie EINÄSCHERN etwa
Schonender? Oh nein
Aber selbstbewußter
Er hingegen hält ja

Das Überleben wessen auch immer
Für das erste Gebot
Er blickt mich an
Und sieht einen Körper voller Transplantate
Auch der Tod eines Spenders
Hat etwas extrem Einwandfreies.

Etwas fehlt


Am Abend fällt ihr auf
Da fällt ihr manchmal ein
Daß etwas fehlt, sie macht sich Sorgen
Gewiß, sie kümmert sich, sie quält sich auch
Und leidet mit, verschont, doch abends
Da fällt ihr häufig ein
Wie wohlerzogen sie, wie gut trainiert
Und voll erwachsen, noch nicht ausersehen
Sie stundenlang den ganzen Tag
Auf diesen ganzen Tag kaum reagiert hat
Sie hat nur stillgehalten
Sie hat nur abgewartet
Sie hat sich oft nicht wohl genug gefühlt
Es ist ihr viel zu gut gegangen
Jetzt möchte sie daß Kindertränen kommen
Es scheint nicht ganz erlaubt
So wie sie lebt zu leben
Was war das für ein Einfall gerade eben?
Heut starb der alte Staatschef wieder nicht
Ein Arzt hat dieser Frau erklärt
Was wirklich mit den Seitensträngen
Im Hals von diesem Mann
Doch leider los ist und für die Familie
Noch erwartet werden kann.
Es ist bei uns so künstlich
Wir haben diese Ruhelage abonniert
Wir schauen zu, wir applaudieren gar nicht
Das Stück ist eher traurig
Wir wollen in der ersten Pause weg

Sind in der zweiten Pause auch geblieben.
Am Abend fällt ihr auf
Daß sie nie ihre Gage wert ist
Sie will ein bißchen auf der Bühne zeigen
– Vorübergehend, nur so zwischendurch –
Wie gut sie wäre, wenn der Text . . .
Der Text taugt nichts, und sie vermißt
Die Rolle mit den Tränen
Die Sache mit dem Ausbruch!
Ihr Mann steht jetzt ganz friedlich auf der Schwelle
Sie werden sich sofort beraten
Ob sie am besten auswärts essen sollten
Der Tag war so diffus, ist noch kein Datum
Komm setzen wir doch den Akzent
Im GRÜNEN HEINRICH, schau dir Leute an
Die mindestens so unversehrt wie du
Noch warten, demnächst dran sind, und
Was ist mit dem TV-Programm, mit Lesen
Wie schön ist Höflichkeit
Die Einübung, der stille Tonfall
Das schätzt sie sehr und ständig, doch
Es fällt ihr ein
Es fällt ihr abends öfter auf
Auch daß es lang nicht mehr geregnet hat
Der alte Staatschef stirbt und stirbt
Da wo sie ist hält selbst das Wetter
Sich hinter Vorsichtsgrenzen
Zurück und etwas furchtbar Unvernünftiges
Etwas, das einwandfrei verrückt ist
Und richtig töricht, etwas fehlt
Da ruft sie ihrem Mann zu
Die Stimme ist fast wirklich:
Daß es Verschwendung ist das weiß ich selber

Ich fände trotzdem gut wenn wir
Sofort einmal wie völlige Idioten
Mit Springfield/Minnesota
Telephonieren würden!
Jetzt hofft sie, daß er NEIN sagt!
Daß etwas nicht mehr fehlt an diesem Abend
Der alte Staatschef kann und kann nicht sterben
Oh ja, ihr Mann wird dieses
Und jenes Überseegespräch verneinen
Und endlich, nur ein bißchen, endlich kann sie weinen.

# Die Frau auf dem Heimweg

Das da, in der Dunkelheit
Nach ihrem letzten Termin des Tages
Das ist die Frau auf dem Heimweg
Diese Frau ist ruhig geworden
Sie läßt sich nicht mehr
Von außen bestimmen
Sie ist besonnen
Aber um das richtig zu genießen
Braucht sie die Erinnerung an früher
Ehemaliges Reisefieber zum Beispiel
Muß häufig memoriert werden
Diesen Zug mit seiner
Ungeraden Zahl
Bei Zugnummer und Abfahrtszeit
In Wuppertal-Elberfeld!
Inzwischen ist das so geworden
Etwa mit Hotelzimmern
Daß die Frau, kurz nach dem Eintritt
Nach einer kritischen Umschau
Einfach kehrt macht
An der Rezeption erklärt sie
Mißstand und Glück
Ihrer Abreise ohne Übernachtung
Dieses Zimmer wird von
Mir garantiert nicht bewohnt werden!
Mich geht es ja nichts an
Aber Sie sollten
Einen Umbau, eine Neuausstattung
Erwägen, dieser Frau auf dem Heimweg

Genügt es schon, wenn das Kopfende vom Bett
Mit dem Motor vom Zimmerbuffet kombiniert ist
Sie kann seit einigen Monaten
Auto fahren, fühlt sich sicher genug
Für die lange nächtliche Strecke
Es nützt, dran zu denken
Wie unruhig sie früher immer wieder
Geprüft hat
Ob ihre Armbanduhr noch funktioniert
Und nirgendwo eine fest verabredete
Zeit für die Ankunft
Die Frau atmet durch
Gern kehrt sie zurück
Sie ist nicht mehr nervös
Im Umgang mit den Leuten
Die sie beruflich zu sehen hat
Beim Aufbruch ohne Hast
Sie läßt sich überhaupt
Nichts mehr gefallen
Das Auto ist kompakt und privat.
Hat die Frau jetzt mehr Geduld
Mit dem Gepäck
Schränkt sie es nicht mehr
So zwanghaft ein
Auf das Allernotwendigste
Ist sie etwa ein bißchen lässig
Geworden und benutzt sie den Fond
Für Überflüssiges
Hat sie nicht jedesmal doch
Große Angst vorm Aufschließen
Der Autotür, sind das nicht
Ziemlich viele Schlüssel
Alles in allem, und

Da bekam ich auch Bedenken
Was ihre Gabe
Entfernungen abzuschätzen angeht
Wie schafft sie es denn
Eine Parklücke für geeignet zu halten?
Jetzt nicht an
Autobahnausfahrten denken!
Um jetzt endlich
Etwas dagegen zu unternehmen
Daß zu viele Zweifel
Meine Schläfrigkeit zergliedern
Stelle ich ein Fahrzeug her
Mit einem Pilotsitz in der Mitte.
Meine Frau auf dem Heimweg
Mein Nachtgedanke
Meine Frau zum Einschlafen
Beglückwünscht sich immer wieder
Zu dieser Spezialkonstruktion
Das trennt sie doch noch
Von der übrigen Menschheit
An der sie nun allerdings
So einen gelassenen Anteil hat.
Daß sie Auto fahren kann
Ohne die plötzlich besitzergreifende Lähmung
Durch den Wahrheitsgehalt, das Erkennen:
Wie verrückt, wie verwegen
Ich muß sofort aufhören
Anhalten – diese Frau auf dem Heimweg
Kehrt dem Mittelklasse-Hotel
Nun wieder den Rücken
Und auf ihr ungewöhnliches Auto
Diese Sonderanfertigung
Geht sie zu, aber schon die vielen Schlüssel

In ihrer Tasche, die darf ich nicht klirren hören
Denn jetzt will ich wirklich einschlafen können
Mit mir als der Frau auf dem Heimweg.

## Endgültige Entkleidung

Oft hat sie abends
– Es sei denn, ein Spielfilm
Lenkt sie gut genug ab –
Ein wenig Brustkrebs
Es sticht bemerkenswert
Schwillt auch, sie wagt nicht
Dorthin zu fassen.
Glücklicherweise
War dieser schwer erkältete Student
Hier im Haus und sie hat sich
Angesteckt, aber schon nach zwei Tagen
Stand fest: eine übliche grippale Sache
Ist das nicht, nicht das bei ihr
Mit der offenen kleinen Wunde
Unterhalb der Nase
Das heilt und heilt ja nicht
Schon seit fast sieben Stunden
Hautkrebs und Salzgeschmack
Die Tränenkanäle
Fallen ihr wie eine Rettung ein
Vielleicht gäbe es da in ihr
Irgendwas zum Durchstoßen?
Im Fernsehen läuft
Dieser Rheuma-Krimi, vierte Folge
Heut abend, nach abgeklungenem Infekt
Hat sie ein bißchen Knochenmark –
Krebsverdacht: Hegen Sie den immer,
Liebe Zuschauer, bittet die Ärztin
Ziemlich inständig, sehr freundlich.

Am Nachmittag, auf dem Gang der 1. Etage
Im Finanzamt, da wartete sie auf ihren Mann,
Und hat lieber das Warnplakat für DIABETES gelesen
Und aufgehört mit dem Plakat
DIE 7 ZEICHEN FÜR KREBS
Als ihr Mann mit dem Beglaubigen
Fertig war und aus der Tür kam
Und es macht sie auch mitleidig mit ihm
Daß jetzt die Kamera so lang
Auf dem SKELETT im Studio ist
Sie geniert sich etwas vor ihm
So schaut auch sie selber aus
Nach der endgültigen Entkleidung.
Sie fühlt sich so
BEFALLEN an, während sie
Gutheißen muß
Daß wieder recht viel
Gespendet wurde und daß auch
Die Vorsorgeuntersuchungen
Immer besser genutzt werden:
Diese wachsende Einsicht
Besonders bei Frauen!

Der Theaterkritiker


Spätnachmittags dann wieder diese Unruhe!
Fast um die Uhr danach zu stellen.
Ob es zwischen fünf und sechs geschähe
Vor dem Abendessen?
Wichtig war, das Abendessen hinzukriegen
Von Sterben konnte anschließend
Beinah nie mehr die Rede sein.
Eigentlich zu viel Vorausplanung
Tag für Tag durch diese
Todeskämpferische Stunde
Obwohl es nur Unruhe war
Und er das wußte, so interessant
Fand er das Leben längst nicht mehr
Aber deshalb muß ich ja, dachte er,
Noch nicht gleich den Tod vorziehen.
Sie fielen ihm immer nur so richtig
Zwischen fünf und sechs, spät am Nachmittag,
Auf: die Täuschungsmethoden
List für List – alles nur Überredung
Damit die Welt nicht vor Langeweile
In die Luft ging!
Was stand auf dem Spielplan?
Er selber, als der Ressortchef,
Konnte sich die größten Anödungen
Vom Leib halten
Und für den kommenden Herbst
War sein Terminkalender sogar
Mit einigen Anziehungspunkten
Die er sich nicht erst sorgfältig einbilden mußte

Gut markiert – zu gut, zu unsicher!
Er griff nach dem Hörer
Er wollte unverzüglich
Wenigstens diese Änderung vornehmen
Und seinen Kollegen in Basel anrufen
Diese äußerst langweilige Uraufführung
– Er kannte das Textbuch, den Autor
Schätzte er auch nicht –
An diesem 23. Oktober
Die wollte er selber besichtigen!
Schon vor sechs Uhr nachmittags
Wurde er ganz müde vor Zuversicht
Der Kollege aus Basel
Hatte sehr erstaunt geklungen
Und er selber gähnte
Wie jeder normale Lebendige
Nur eine wichtige Spur bewußter
In seine nähere Zukunft.
Der Himmel würde ihm ganz gewiß
– denn das paßte in seine Biographie
Der späteren Lebensjahre –
Dieses Datum bescheren
Und mit der tödlichen Sicherheit
Von ganz normal langweiligem Leben
Bekäme er das so gut hin wie seither:
Nicht zu sterben
Garantiert nicht vor dieser
Äußerst wenig versprechenden
Uraufführung.

## Ein abgelehnter Vorschlag

Du kommst nicht, den Weg
Herunter, nicht eifrig
Nicht heute, frohgemut
Mit deinem guten Appetit
Neugierig, nicht, was für eine
Kuchensorte gibt's denn heute
Nichts heute, es findet nichts statt
Du gehst nicht auf das
Kleine Gartentor zu
An dem suchst du jetzt nicht die Klingel
Es ist vier Uhr vorbei
Jedesmal vergißt du wo die Klingel ist
Heut nicht nötig sich zu bücken
Dann auch um halb fünf
Hältst du dich dran und kommst ja nicht
Das ist ein Termin, den du einhalten kannst
Ganz gewissenhaft
Du erinnerst dich genau
Wartest mit gutem Appetit
Einsichtig, verständnisvoll
Auf deine Elektrische
Hier bist du nicht aufgetaucht
Zurück mit dir nach Haus, nicht
Zu mir, wie stolz ich auf dich sein kann
Mit deinem guten Gedächtnis
Machst du das den ganzen Nachmittag über
Vollkommen richtig, vollkommene Abwesenheit
Du hörst mich immer noch
ES PASST MIR HEUTE SCHLECHT sagen.

## Unsere Standuhr

Plötzlich, umgeben vom Abend
Stille in den Zimmern
Du hast das Buch
Schließlich doch interessant gefunden
Plötzlich war ich
So stolz auf die Standuhr!
Auf uns als diese beiden
An den Pendelschlag gewöhnten Besitzer!
Wie groß wir geworden sind
Und Inhaber von
Verschiedenen Hausgeräuschen!
Das kam mir wie ein lustiger
Freundlicher Irrtum
Über uns vor, ich habe fast
Laut gelacht – sehr glücklich darüber
Daß du genau so weiter gemacht hast
Mit dem Lesen, mit deinem Gesicht
Von ganz tief unten in der Kindheit
Aber das ist jetzt unsere Standuhr
Mein Lieber, wir zwei alten kleinen Kinder
Konnten das wagen und vor Jahren schon
Wirkliche Gegenstände anschaffen
Für dieses lange Geduldsspiel
Zwischen Hausmauern
Mit Abendmelodik: auch dieses Knacken
In diesem Moment
Eine Spezialität dieses Heizkörpers
Gehört uns, alles ganz so
Als wären wir wirklich

Nun mit dem elften Schlag
Unserer Standuhr
Beteiligt an diesem Datum
Auf die Minute genau
Unter dieser Hausnummer, Rufnummer.
Als dann aber plötzlich
Diese Nummer einer gewählt hat
Und als dann eine Stimme am Telephon
SPRECHE ICH MIT IHNEN fragte
Habe ich lieber doch
Um die glückliche Verwunderung
Über uns und die Standuhr anzuhalten
FALSCH VERBUNDEN geantwortet.

Der freie Tag


Nur schnell mit dem Hauskram
Das Schuheputzen kann warten
Wenn bloß die Sonne nicht herauskommt
Ohne Sonne sieht die Wohnung
Sauber genug aus, nur weiter
In der Küche geht es auch
Viel glatter ab als sie gedacht hat
Kaum Zeitverlust mit dem
Verstopften Ausguß
Ach an jedem Wochentag, wirklich
Sehnt sie sich, besonders am Montag
Nach der leeren kleinen Wohnung
Vom Morgen bis zum Abend
Selbstbestimmung!
Sie teilt sich das alles
Nur nach ihren eigenen Befehlen ein.
Wie große Lust sie doch hatte
Gestern noch im Büro
Etwas Wäsche zu waschen
Oder mal ganz grundsätzlich
An die Inspektion der Pullover zu gehen!
Jetzt ist sie, mitten im Mittwoch
Verlassen von sämtlichen Absichten
Für den Mittwoch: das war doch
Vorhin noch dieses aufmunternde Verlangen
Einfach zwecklos durch die Innenstadt zu bummeln!
Sie trinkt schon wieder eine Tasse Kaffee
Sie kann rauchen so viel sie will
Weit weg vom tyrannischen Kollegen Wiebert

In Sicherheit vor der Bewegungslosigkeit
Diesem spezifischen Aggregatzustand
In dem die Bürostunden stocken.
Sie fängt an, laut mit sich zu reden
Und benutzt einen schadenfrohen Tonfall.
Vom nächsten Kaffee wird ihr schlecht werden
Aber sie bereitet den nächsten Kaffee zu
Sie wünscht sich den Mittwoch
Am Donnerstag, am Freitag, Montag,
Nun schon mittwochs, wenn sie
Mittendrin Zuversicht gewinnt
Mut faßt, beschließt
Es beim nächsten Mal besser machen.
Nachdem auch dieser Vorsatz
Seinen Dienst getan hat und erledigt
Ist wie die Zurückverwandlung
Ihrer Couch in ihr Bett
Die Nacht fern und die Zeit übrig, da
Wird es ihr so langweilig
Daß sie Lust bekommt
Zu weinen!
Die Tränen-Therapie!
Auch ihr Magen würde wieder besser
Sie kennt das, Abwechslung
Handlung!
Jetzt fehlt nur noch ein Grund.
Als sie ihn findet – diesen Wunsch zu weinen selber –
Bekommt sie Angst vor dem Kummer
Und sie läßt das lieber sein, trockenen Auges.

## Leichte Kränkungen

Er lächelt, einfach so
Vor jedem ersten Schluck Kaffee
Zur Morgenbegrüßung
Die von ihr
Mit einem künstlichen Gähnen
Verunstaltet wird.
Er ist freundlich
Vor dem ersten Rauchen
Da kann sie nur finden
Daß sie nicht gut genug
Geschlafen hat.
Er möchte ja wirklich nichts weiter
Als die Zeitung lesen
Er ist geduldig
Und das Frühstück kann warten –
Sie wiederholt aber
Daß sie durch ihn
Nun auch heute morgen wieder
Aus ihrem ersten vernünftigen
Gedankengang gebracht worden ist.
Man sollte morgens beten!
Am besten vor dem Aufstehen!
Aber erst abends, wenn es sich
Mal wieder von selbst versteht
Glücken ihr die meisten
Einrenkungen, nur liebt sie ihn
Viel zu sehr
Um sich schuldlos zu fühlen
Am Verweigern dieser Antwort

Auf seine ersten Anzeichen
Vor jedem ersten Schluck Kaffee, vor dem ersten
Rauchen.

Als es zu spät war


Und sieh mal, da drüben
Das sind doch schon fast offene Kirschblüten!
Die Winterlinge und wie heißen denn die da
Und die Frage nach dem kleinen rosa Gewirr
Ist mir im Hals steckengeblieben
Friedlich friedlich
Im aufplatzenden Frühjahr wir zwei!
Vorhin noch
Habe ich so gut mitmachen können.
Seit wann aber lassen wir uns denn überhaupt
So ein auf Pflanzen in Vorgärten
Vor ein paar Jahren war es uns doch noch egal
(Aber den Knick, diesen Zeitpunkt oder Moment,
Als das umschlug von der Nebensächlichkeit
In diesen Grund zur Neugier,
Den haben wir nicht mitbekommen!)
Knospen oder nicht
Wir kümmerten uns um andere Anlässe.
Schön ist das, wirklich schön –
Das war doch eben noch meine Stimme
Oh ja, auch meine!
Da habe ich – der Jogger vom Hinweg
Hechelte nun auf seinem Rückweg uns entgegen –
HOCHINTERESSANT DAS GANZE gesagt.
Nichts als Vorwände um den Tod zu vergessen
Lauter Glaubensbekenntnisse um nicht über Gott
Ins schwierige Nachdenken zu geraten.
Unweigerlich kommen
Die auswendig bekannten Jahreszeiten

Zum Gähnen in Wahrheit, schwindelnd sind wir
Von Veilchen wie um den Verstand gebracht!
Ich habe dir dann doch
Die Frage nach diesem kleinen, mit Blau
Keck und vorsichtig anfangenden Busch gestellt.
Aber vielleicht weil du sofort
SEIDELBAST geantwortet hast
Habe ich diese Gartenbesitzer
Raffgierig genannt
Und doch wieder
Eine Gehässigkeit gegen so viel
Sprießen und Schmunzeln vorgebracht
Uns zum Schutz, sieh es doch so!
Zum Einhalten, als Widerstand!
So linientreu
Müssen wir ja nicht alt werden.
(Sind trotzige Alte
Eigentlich angenehmer als die freundlichen?)
Du hast am Abend nicht gewußt
Warum du, mit etwas Kopfweh zusätzlich
Dich nicht so richtig gut gefühlt hast.
Als es zu spät war, rief ich dir zu:
Ich kann's schwer abwarten
Bis das nächste schöne Frühjahr anfängt.

# Spurensicherung

Eben noch hatte ich
Wie gewohnt, in der üblichen Eile
Die Lockenwickler in ihren Plastikbeutel geworfen
BIS ZUM NÄCHSTEN MAL gedacht,
Alles wie immer, und es machen wollen
Wie mit dem Staubsauger
Flüchtig wie mit allen Spuren der Benutzung
Warten aufs nächste Mal
Mit dem wohligen leichtfertigen AUF BALD-Gefühl.
Eben noch war das so gedankenlos wie sonst auch
Als das umschlug, als ich schnell zurückging
Und aus dem Schrank
Den Plastikbeutel wieder herausholte:
Mir war dein sehr kompliziertes
Überleben eingefallen
Und ich habe in großer Hast
Die roten widerborstigen
Ungereinigten Lockenwickel
Von neuem ins Waschbecken geschüttelt
Ich nahm mir jeden einzelnen vor
Ich rupfte so gründlich wie noch niemals
Die übriggebliebenen Haare heraus
Bis aufs letzte Haar, im Vorsorge-Mitleid
Mich selber nicht geringschätzend:
Es wäre wirklich allzu traurig für dich
Beim Ordnungmachen, bei den Einzelheiten
Später, wenn die größeren Angelegenheiten
Erledigt sind
Dich nicht mehr weiträumig ablenken

Und du an das kommst, was dann den Namen
IHRE SACHEN angenommen haben wird:
Unerwartet noch Haare von mir zu finden!
Schon die Lockenwickler selber
Sind ja eine Spur zu rührend
Aber leergerupft und ohne einen Rest
Der meinen damals durchbluteten Kopf bezeugt
Wird es leichter sein, du würdest ohnehin
Das Datum fast noch wissen
Das mit der letzten Benutzung
Nicht weiter als höchstens drei Wochen
Entfernt von meinem komischen
Zufälligen Tod, und nach meiner Liebesarbeit
Für dich
Sah ich dich mit einem
Sehr nachträglichen Blick an.
Als ich mich dann aber etwas zu innig fand
Etwas zu vorbeugend, zu
Stark mit den jenseitigen Maßnahmen befaßt
Wurde mir wohl
Weil mir meine Schlampigkeit einfiel
Und ich dir ganz vorsätzlich
Den vollen Staubsauger hinterließ.

## Dummer Irrtum

Insgesamt sah sie ja wie immer aus
Diesmal schaute er sie
Etwas weniger flüchtig an
Etwas schuldbewußt ließ er ihr
Aber immer noch den Mund so halboffen
Er spürte
Das war wie eine späte kleine Rache
Die diese Frau – auf den Namen kam er nicht –
Da jetzt an ihr nahm
Diese Frau hatte sich über sie geärgert
Lang her, über eine satirische Sache gegen Frauen
Die nach dem Vokal den Mund nicht wieder zumachen
Und als ihm noch das Wort KINDEREI
Im Kopf herum ging
(Diese Frau sagte KINDEREI
Und ließ den Mund offen
Und ihr gleichzeitig bohrender Blick, lächelnd,
Wurde so zu einem herabziehenden Werbe-Effekt)
Da, halb abgelenkt von dieser Erinnerung,
Da sah er ihre ganz weißen Hände
Das wäre ein Grund, sie nochmal aufzuwecken:
Ihr Leben lang
Hatte sie sich ganz weiße Hände gewünscht!
Eher sah sie ja sowieso unfertig aus, und das
Wollte er weiterdenken
Sie wirkte wie jemand, der noch immer
Dafür zu interessieren wäre
Was für Wetter bevorsteht, wie es ist
Ob es einen Spielfilm gibt

Und als er auf ihre
Vorgestern erst gemachte kleine Stirnlocke
Blickte, dann schnell wegblickte
Fürchtete er plötzlich das Aufräumen
Da stieße er auf so umstrittene Sachen wie
Ihren Haar-Festiger
Insgesamt sah sie aus, als wäre sie gleich wieder
Für eine kleine Kaffeepause
Mit dem Blick auf den Vogelfutterplatz
Zu gewinnen: Gibt's was zu rauchen?
Sie erweckte nicht den üblichen Eindruck
Weder elend noch erlöst – wovon auch –
Er fand ihre Jacke so griffbereit
Ihm fielen diejenigen Packungen
Und Dosen in der Küche ein
Von denen nur sie Gebrauch machte
Und ihm war nicht wohl beim Gedanken
An den angebrochenen Nußkuchen
Und bei allen anderen Funden
Ginge es ihm nicht besser
Dummer Irrtum, sagte er halblaut
Und hielt es für richtiger sich mehr
Um die nun ganz weißen Hände zu kümmern
Die schaute er an
Um zu spüren
Wie sein Schmerz sich verlagerte.

*

Bevor aber irgend jemand anderes
Vor dich hintritt
LIEBES
Bestimmt, du kannst dich drauf verlassen
Mache ich das, ich mache dir den Mund zu
KINDEREI war ja auch außerdem

Niemals ein Wort das du benutzt hast
Obwohl es vielleicht
Das dachte er auf einmal mit einem Gefühl
Befreit zu sein
Vielleicht mit dieser Art zu sterben
Einen fast etwas satirischen, fast also versöhnlichen
Unversehens fast zu dir passenden
Einklang ergibt.

*

Wäre nur auch nicht dieser Einfall
Schon wieder ein Grund
Für den Versuch
Sie doch nochmal aufzuwecken!

Näharbeit

Als sie fertig war
Mit dem Annähen des weißen Knopfs
Und den Faden abschnitt, dann
Sein hellblaues Hemd zusammenfalten wollte
Fiel ihr das Wort HIMMELBLAU ein
Als Kinder hatten sie HIMMELBLAU gesagt
Wie dumm kam sie sich plötzlich vor
Und wie ungerechtfertigt wirkte es auf sie
HIMMELSCHREIEND, ja es SCHRIE ZUM HIMMEL
Daß jetzt plötzlich, an einem Vormittag im April
Dieser kleine weiße Hemdknopf
Für die Ewigkeit furchtbar festgenäht war
Von ihr für ihn:
Sie beide könnten
Diese Näharbeit nicht überleben!
Sehr mühsam, sehr wenig lächerlich
Wie sie nun mit der Spitze ihrer Schere
Den festumwickelten Knopf wieder vom Hemd löste
Viel hing davon ab
Daß sie doppelte Maßnahmen wie diese
Doppelte Zeitaufwendungen
Für wichtig hielt!
Als er dazu kam
Ihr über die Sessellehne weg zuschaute
Und nicht abzubringen war davon
Daß er sich nicht irrte
Er irrte sich so leicht nicht
Er hatte wohl gemerkt:
Zum zweiten Mal nähte sie an dieser Stelle –

Da gab sie ihm die falsche, die richtige Auskunft:
Ich muß ihn besser annähen als vorhin, mein Lieber!
Sie haßte das Nähen
Um so erheblicher war es deshalb
Daß sie nun, sehr locker stichelnd,
Das nächste Annähen einbaute.

# Verweile doch!

Von nun an könnte
Alles so bleiben wie es ist
Das wäre nicht übertrieben
Anspruchsvoll gewünscht
Es sind wirklich genug Personen
Auf die wir verzichten
Triftige Tote: wir hatten das:
Trauern! Verlieren! Zärtlich
Schmerzlich, mit ziemlich viel Sinn
Für glückliche Momente
Haben wir uns eingelebt und es geht weiter
Jetzt reicht es, verstehst du!
Mach mir keine Sorgen, nicht diese
Weil ich neulich nachts schon
Dich in meiner Abschiedsumarmung
Habe sterben lassen können.
Von nun an könnte wirklich
Alles so bleiben wie es ist
Verlange ich denn zu viel?
Keinem von uns bis jetzt Hinterbliebenen
Geht es geradezu ausgezeichnet
Alle haben wir Umgang mit
Verlorenheit, Angst, mein liebes Gelände
Darauf ich keinen Boden verlieren will
Todeszone, bis dorthin muß es weit genug bleiben
Verzweiflungsgeübt sind wir auch
Und an regelmäßige Arzttermine gewöhnt
Von entscheidenden Sterbedaten geprägt
Mehr brauchen es nicht zu werden, verstanden?

Diese Konstellation da am Abendhimmel
Verschiebt sich leichter
Als die Gruppierung in der ich mir
Uns alle, uns so wie wir jetzt sind
NOCH sind, für immer wünsche
Nochmal, ich wiederhole:
Keine Überglücklichen sind unter uns
Und Faust hätte diesen Augenblick
Gewiß nicht gewählt
Mir aber wäre Verweilen
Wohltätig, weißt du,
Und sicherheitshalber sollten wir
Ein Sternbild für immer
Ergeben.

## Freundliche Person

Jetzt dauert das schon fast zwei Stunden lang
Mein Umherlaufen in der Wohnung
Mit dem Versuch, freundlich zu werden
Ich begegne dir überall
Du verlagerst deinen Standort
Du lächelst immer sofort
Du lächelst so vorbeugend, immer mehr
So vorsichtshalber
Es ist ungewöhnlich für mich
Gebe ich dir auf Schritt und Tritt zu verstehen
Nicht allein zu sein an einem Vormittag
Für mich ist Werktag, kapierst du das?
Du fängst an
Einem Möbelstück zu gleichen
Dich kann man nicht unsichtbar machen
Mich kann man
In der Umklammerung der Unfreundlichkeit
Nicht ungeschehen machen
Du willst mir allmählich helfen
Fürsorglich probierst du deine Stimme aus
Sie klingt nach Schnupfen
Du hast dich noch nicht zu Wort melden dürfen
Wie ein großer betrübter Versuchshase
Bietest du dich mir an:
Komm, stell dir vor, daß ich sterbe
Dann klappt es doch meistens!
Gut, nur gut, wie wenig du weißt
Daß du in Wahrheit, ohne Text,
Diesen Text sprichst

Und selber nur deinen Vorschlag
DANN GEHE ICH JETZT MAL ZUM POSTAMT
Im Ohr hast, wenn du dich erinnerst
An eine Person, die später
Doch wieder freundlich wird.

## In die Ardennen

Höchste Zeit, findest du nicht, endlich
Anzukommen in Durbuy
Vor zwei Jahren war das nur diese leere Behauptung
Wirklichkeit, und wir in die Feinschmecker gemischt
Jetzt Satz für Satz
Mach das Album doch fertig
Wir wollen uns erinnern können
Wir wollen gelebt haben
»Dem Augenblick ins Auge!« Soll denn diesmal
Goethe nicht recht gehabt haben?
In die Wälder, in die Ardennen
Du, von den Ardennen habe ich mir
Eigentlich viel mehr versprochen
Könnte irgendwo sein bei üblichem Herbstwetter
Gewöhnlicher Sonne, ein Wind
Zum Fürchtenlernen, was hatten wir denn
So richtig von Herzen lieb dort?
Wenn die Ardennen auch nicht sonderbarer sind
Könnten wir genausogut in der Eifel steckenbleiben
Mir kam alles so abgehakt vor
Und zerstückelt von Nutzanwendungen
Dauernd hatte die Gegend zu viel Unermüdlichkeit
So viele Hügel und Täler müssen ja nicht sein . . .
Dann aber war diese bestimmte, dunkelbraune Allee
Plötzlich ganz und gar richtig
Die kurze Strecke auf eine halsstarrige
Kirche aus dunkelrotem Backstein hin
»Kein Verschieben!« Das habe ich in diesem Moment
Von Grund aus verstanden

Während es mir recht war, daß wir weiterfuhren
Dem unbekannten Tag entgegen
An dem die dunkelrote Backsteinkirche
In der dunkelbraunen Allee drankäme,
Auf den heutigen Tag zu, 8. April, zwei Jahre danach.

# Der alte Mann

Auch beim heutigen Nachmittagsgang
Schräg gezurrt und angetrieben vom Hund
Empfand er diese grundsätzliche Richtigkeit:
Er nahm an einem Verkehrsgeschehen teil
An Witterung, April
Er war Zeuge, als der Postbeamte
Wenig verspätet die 16-Uhr-30-Leerung vornahm
Er registrierte den winzigen Fortschritt
Den seit gestern die Ginsterbüsche
– Im Mittelstück seines Spazierwegs –
Gemacht hatten. Nun über die Kreuzung
Wie meistens mit Glück bei der Ampel.
Vom Toast zur Teezeit
Dieser gewisse Nachgeschmack wie immer
Wie zutreffend das Ganze! So regelmäßig
Interessiert war er! Er litt überhaupt nicht
Unter dem Eindruck
Nun endlich lang genug dabei gewesen zu sein
Kam vielmehr gut weiter mit einer kleinen
Schrift, Essay, petit perception
Über Erasmus von Rotterdam
Womit seine Neugier auf die Jansenisten
Aber nicht zugedeckt wurde – als
Ungehörig erschien ihm sein Tod
Bei dem es sich um einen schweren Irrtum
Mißverständnis, Beleidigung handeln müßte
Er glaubte nicht recht, nicht im Innern,
Nicht von Herzensgrunde aus
Daran, daß es dazu kommen würde

Auch bei ihm, als wäre er wie jeder.
Hier schien es allerdings so
Und er grüßte diese jüngere Frau
Aus der Nachbarschaft: ganz nette Leute
Atomkraftgegner – die Atomkraft mit ihrer
Gefährlichkeit, die ausgerechnet kam ihm
Plötzlich wie eine Erleuchtung vor
In einem Katastrophenfall zu sterben
Wenn sowieso keinem etwas anderes übrigblieb
Das wäre eine Lösung, die einzige
Die er gelten ließe.
Jetzt habe ich mich eingelebt
Dachte er, jetzt mache ich den
Morgenkaffee richtig, binde gleich
Beim 1. Mal diese Schleife auf dem
Kürzesten Weg
Nicht zum Tode, überhaupt nicht
Schritt für Schritt
Bin ich keiner
Den man abrufen könnte.

Beistand

Von der Lebensretterstelle an
Hat mich der Film kaltgelassen
Wie enttäuschend, wie geistlos entschlossen
Gegen den Tod, der Crawlstil des Schwimmers.
Und seine Munterkeit im Flußwasser
Hat jede Hoffnung auf Ewiges Leben getilgt.
Ich habe mich
Seufzend vor Überheblichkeit
Meines Besserwissens erinnert.
Wohin war mein Mut? Geschwunden
Der schöne Himmel, sanftes Abwinken
Der freundliche Schlaf:
Laut mit einer bloß verzweifelten Kinderstimme
Rief ich nach dir, komm schnell
Zum kleinen sterbenden Vogel
Das ist diesmal nicht wieder nur
So ein nervenkrankes Gimpelchen
Es stirbt, es stirbt
Steh ihm bei, ich kann mich nicht bewegen!
Ach wie gern habe ich Leute wie dich
Die nützlich sind und zupacken
Während hochfahrende Typen meines Schlags
Wortreich, aber starr vor Schrecken
Für die Kommentare sorgen.
Ich schaute dir zu
Du warst überlebensgroß
Zum winzigen Tier gebückt
Es muß sich gefreut haben

Als der warme Inhalt deiner Faust
Sterbend oder nicht
Ganz einzeln und wichtig geworden zu sein.

## Gemeinsame Sache

Ein glücklicher Tag und die dunstigen Berge
Der Sommer, so plötzlich, ein Anfall von Hitze
Und rechts von der Fahrbahn, wie richtig
Wie Holland und Westen und Regen schon morgen
Genügend verschleiertes Flachland
Nur jetzt noch, jetzt schnell noch
Das dauert nicht länger.

*

Wie gern wir uns haben: ich hatte das gern
Ich sah uns von oben, wir glichen zwei Lieben
Die demnächst, verstorben, ein Andenken, Abdruck
Erinnerung werden, ich habe dich gern
Wie Gesetzestreue, mein Ausbruch von Liebe
Vor Liebe neuralgisch, ein Schmerz, so wie heute
Wie Sommer so plötzlich, ein Anfall von Wachsein
Und jenseits der Fahrspur die übliche Ruhe
Das übliche Unglück – nur weiter, nur ohne
Uns beide, uns beide erwischt bei dem Rückfall
Dem Glücksfall, bei Fahrtwind und zügig
Erschrocken von Kindheit: zurück zu den kleinen
Und alten Verwandten, wie zärtlich, mein Guter,
Wie sehr wir gemeinsame Sache machten
Zwei herzliche Tote in Hochzeitskleidern
So triftig PAARWEISE und etwas zum Lachen
Wie alle sehr innigen Eheleute
Die in ihren Autos streng ernsthaft vorausschauen
Das dauert doch länger, nicht lange, nicht ewig –
Überholen, Richtung Süden, die Ausfahrt

Sehr sonnig, sehr hellgrün, sehr plötzlich
Wie überraschend: eine ganz und gar
Nicht gewöhnliche Todesanzeige.

# Ein Anblick

Ach du erlaubter Tag!
Ich hab mich unschuldig gestellt
Als wäre ich wie ihr
Als falle mir nicht auf
Ich bin nur künstlich hier

*

Und tu als müßten wir
Noch nicht zu Ende bringen
Was vorliegt: etwas Halsweh, diese Stickerei
Dein Reisetagebuch, Mittagsbeleuchtung
Tonfall, und gelingen
Soll jetzt Montaigne
Todeszuversicht, Bequemlichkeit,
Stetig gern sterben

*

Ach wieder doch noch leben
Erlaubnis und ich tu so
Als wäre ich bei euch
Als wären wir Altarschmuck
Und könnten wie für ewig
Dies Genrebild ergeben

*

Doch nicht zugrunde gehen!

*

Ich habe ja – EIN Anblick
Genügt, ein Nachmittag mit Gartenmöbeln und Familie –
Nun alles was ich sehen muß gesehen.

# Gartenmittag für die Dauer meines Wünschens

Erst als ich flehte, fiel ich auf
Schon konnte ich mich nicht mehr
Mit der Minox tarnen:
Bleibt alle so wie jetzt!
Laß doch die Wäsche ganz so liegen
Auch überm Blumenbeet den kleinen Schatten
Halt' ihn an, und du
Beweg' dich nicht vom Fleck
Steh auf der Treppenstufe der Veranda still
Räumt nichts mehr um, stellt keine Tassen weg
Behalt' das Lächeln bei für immer
Schau dieses Album weiter an mit allen Toten
So tritt die Großmutter nun
Ein für alle mal
Zum Gartentisch, frisch vom Friseur wie damals
Und du, paß auf, bleib so, mit diesem Ausdruck
Auch etwas vorgebeugt, du wartest ab
Wie jetzt gleich alle andern
Auf die willkommne kleine Frechheit
reagieren werden.
Vor diesem Ruck auf den Gesichtern:
Rührt euch nicht
Gib Ruhe, laß das Strickzeug wie es ist
Komm bitte nimmermehr um eine Masche vorwärts.
Es ist vollkommen jetzt, so unfertig
Wie Leben: laßt das stillstehn
Und enden endlich endlich Frieden
Die hölzernen Gebeine
Dort am schiefen Liegestuhl

Der wartet auf den ziemlich müden Vater
Lächeln wird er, sich auf Kaffee freuen
Bitte behalte doch von nun an ewiglich
Die blaugestreifte Bluse an, verstehst du
So ist es richtig
Anspruchslos genug
Nichts mehr verändern
Gar keine Bewegung
Das zugänglich gemachte Sterben Anderer.
Im altmodischen Garten jetzt
Gehn alle Gärten, Büsche, Bäume
Von früher auf, wie groß er wird, der Garten!
Schaut euch das an, doch unauffällig
Dies Wäschestück weht leicht im Stillstand
Du greifst von jetzt
Bis immerdar genau das Unkrautbüschel
Dicht bei der Wurzel an und hebst es nie heraus.
Ich liebe dieses Abbild, diese Anordnung
Beiläufig sieht das aus, die Ewigkeit
Das Auferstandensein im Fleisch:
Da kommen auch die Tanten!
Wer dieses Photo in sich aufnimmt
Der kann fast Stimmen hören
Verwandtschaftliches Streiten, leise
Die Brombeerhecke blüht schon, WEIL AUF MIR
DU DUNKLES AUGE. Tote Dichter
Und der Apostel Paulus haben den Moment jetzt
Schon mitgemeint, und WAS ICH TRAURE
WEISS ICH NICHT, vorausgesetzt ihr bleibt
Von nun an immer so wie eben
Als Abdruck meines Wünschens
Friedfertig eingerastet mitten im Gewirr
Der Pläne, der Bedürfnisse: Nun festgenagelt!

So soll es bleiben, bitte!
Zum Ende kommen, merkt ihr nicht
Wie gut das wäre: jetzt ist Himmelfahrt!
That's ressurection, Achtung, das ist Abschied
Das ist DER SONNE LIEBES LICHT
Das ist das Ende UNSRER KALTEN WERKE
Das ist RECHT AUFSTEHN, ist auch
(Doch schön im Gartenmittag!)
GAR VERGEHN – Nur: leider hat sich
Zuerst ein Ast vom Kirschbaum dann bewegt
Die Unvergänglichkeit beschädigt und verhindert
Ach: doch nochmal verdorben
Von einer Wolke, und ihr alle
Seid ahnungslos lebendig
Schnell ins Haus geflüchtet!

# Viel Vergnügen in Paris!


Wie selbständig sie schon geworden ist
Unsere Kleine, die Liebe
Das kommt vom methodischen Alleinsein
Zum Beispiel beim Kofferpacken
Natürlich wird sie nicht alles bedacht haben
Durch Fehlerchen lernen wie es üblich ist
Richtig erwachsene Ferien, die sie da plant
Verständlich, daß sie kurz vorher
Am liebsten alles abblasen würde
Besser nicht drauf eingehen, besser zureden:
Wir wollen doch stolz sein auf dich, hörst du?
Gemächlich bei Vollpension und friedlichen Anblicken
Also UNSERE Entscheidung, die kann jeder treffen.
Sie aber, sie wagt sich nach Paris
Mit zwei ungefähr Gleichaltrigen
In der 2. Klasse, WIR machen es uns längst
Viel bequemer, ruhen aus, während sie
Aufbricht, das eignet sich zum Herumerzählen
So weit hat sie es schon gebracht, das kann sie
Mittlerweile alles schon, Angst hat sie jetzt
Sie sieht nach dem Wunsch aus
Unter einen Gnadenerlaß zu fallen
Aber sehr stark bezweifelnd
Daß wir als Erzieher schwach werden könnten
(Wo steckt er denn nur, der liebe Mann, dieser Vater
Der ausgerechnet mit der Weichheit abgehärtet hat?)
Ungünstige Abfahrtszeit frühmorgens: gut für sie
Denken wir nicht Gleichgültigen
Denn der Typ ist sie ja nicht

Der von sich aus zu solchen Mutproben Lust hat
Briefmarken heißen TIMBRES POSTES, Handtuch
Und Kopfkissen mußt du schon selber nachschlagen
Am besten, du fängst jeden Satz
Mit einem Zuruf an: MADAME! MONSIEUR!
MUTTER! – Du, an meiner Stelle, du von früher
Als ich dein kleines aufkommendes Kind war
Du hättest mir längst ein Attest besorgt
Und die handschriftliche Entschuldigung hinzugefügt
Jeder meiner Ausreden vertrauend
Jahrzehnte vor diesem Rollentausch
In deiner Vorzeit ohne rosa gefärbte
Seniorenreisenötigungen
Du leider verschwundene Figur
Aus keinem Problemstück
Als alles, was dich betraf, für mich
Der Anlaß zur Erleichterung war
Du allererste Person
Nach der ich fragte bei jeder kleinen List
Die gegen die Außenwelt anzuwenden wäre.
Ich will lieber wieder wie damals
Mutter und Kind mit dir spielen
Ich will diese Verkehrtheit rückgängig machen
Und an deiner Statt diejenige sein
Die einen Beistand braucht
Und von dir DANN BLEIB DOCH HALT ZU HAUS hören
Jetzt, während ich jetzt
VIEL VERGNÜGEN IN PARIS rufe.

In Mitleidenschaft ziehen


Als die Frau, die bald achtzig wird
Ihre glückliche Überraschung beim Anblick
Der ersten Anemonen schilderte
Habe ich
MAL NACHRECHNEN! MOMENT MAL!
Gesagt und dann
Die ermittelte Zahl ausgerufen:
Das sind doch mittlerweile
Deine vierundsiebzigsten Anemonen!

*

Als du dich auf gestern verlassen wolltest
Gestern half ich dir im Garten
Gestern: dieser einverstandene Eindruck
Den ich friedenstiftend erweckte
Als du unbesorgt deine Parole ausgabst:
Heut kommt das Laub unter der Kiefer dran!
Da habe ich
Von der Dritten Welt geredet
Von Geiselnahmen und Metastasen
Und UNGEPFLEGT SIEHT DER GARTEN NICHT SO
UNREDLICH AUS gesagt.

*

Ist es nicht intelligenter
Bei den kleinen Freuden nicht mehr mitzumachen?
Enttäuschte Gesichter, verworrene Empfindungen
Ich habe euch die Laune verdorben:
Auch so nimmt man am Schrecken in der Welt teil
Und Geiseln: euch beide, läßt hungern
Und Todesangst zu

Laßt mich schnell wieder lieber
Zurückkehren in die Freundlichkeit
Gegenüber ganz kleinen Gewächsen
Ich will mich, wie irgendein Mitglied
An die umgebenden Belanglosigkeiten
Halten, beabsichtigt jemand sein
Den man auf Naheliegendes
Ansprechen kann: fast so unbesorgt
Wie fast jeden.
Sehr dringend ist mein Wunsch
Am Unbedeutend-Eintönigen
Teilzunehmen! Aber dann habe ich
Diesen Wunsch nur leider genauso
Formuliert: Auf diese Weise
Bleibt man nicht sicher am Boden.

\*

Die Frau, die bald achtzig wird
Redet nicht mehr von Anemonen
Und dich, dich seh' ich
So einsam wie einen Witwer
Ohne mich beim Laub unter der Kiefer.
Da fällt mir endlich der leichte Ton ein
Und der einfache Satz, den kann ich
Dir jetzt zurufen:
HAST DU NICHT IRGENDWAS AUCH FÜR MICH
DA IM GARTEN ZU TUN?
Ich will zu der alten Frau
KEIN FRÜHJAHR NUTZT DAS VORIGE AB sagen!

\*

Aber zu rasch, ganz und gar nicht
Problembewußt, ganz und gar ohne
Willkommensgeschrei für mich
Als wäre das selbstverständlich

Schön und gut
Habt ihr mich wieder zugelassen
Ohne den ernsten Ausdruck
Dessen mein Kniff, Trick und Umschwung
Würdig gewesen wäre!
Um euretwillen
Gegen eure Höllenfahrten
In Gesellschaft der Gleichgültigen
Und der Pharisäer
Versuche ich es doch wieder
Mit der Ansteckung durch Zweifel
Und GESUND FÜR DIE KRANKE SEELE
DEIN SPASS AN DEN PFLÄNZCHEN
Sage ich zu der Frau
Die sich zum vierundsiebzigsten Mal
An einem üblichen Klimageschehen beteiligt.
VOR JEDER GARTENARBEIT SIEHT DER GARTEN
PROFESSIONELLER AUS
Ist meine kleine vorsichtige Vergiftung
Für dich, ich habe dir,
Mein verwaistes verwitwetes Liebchen
Die strengere Benennung
Nicht zugemutet.

## Die sinnvolle Unlust

Den Samstag vor Pfingsten
Den nutzt er für den Garten.
Dem winzigen Rasenstück
– Ihm kommt es groß vor –
Gilt sein abschließender Eifer
Er allein weiß: es ist wichtig
Grün und sehr kurz geschoren
Sein Besitztum, seine Zuteilung
Sein allzu leicht übersehbares
Allzu kleinformatiges Dreieck
– Die Erde ist in lauter Dreiecke
Kaum zählbar viele furchtbar belanglose
Dreiecke aufgeteilt –
Oh doch, er macht seines
Für sich stattlich.
Er hat nur noch sein Unterhemd an
Über der von seiner Frau beurlaubten
Ihm ganz und gar genehmigten Hose.
Wenn seine längst tote Mutter
Ihn so noch einmal sehen könnte!
Er gleicht sich von damals
Als er ein Baby war
Als er das Hin- und Herschieben
Von Spielzeug eigensinnig
Für genau so erheblich hielt
Wie dieses Auf und Ab jetzt
Mit dem Rasenmäher: Schwerarbeit
Und Trotz, seit mehr als 60 Jahren
Er spricht noch die Originalsprache

Es hat sich nichts geändert
Mit ihm und an ihm
War ziemlich unnötig
Sich dafür ins Zeug zu legen
Daß er sich nun, an diesem
Speziellen Abend vor Pfingsten
– Könnte irgendwann sein –
Schwitzend, in kaum richtig guter Laune
Abschafft mit dem Elektromäher
Er selber würde nichts, keine einzige Unlust
In seinem Leben für sinnlos halten.
Ohne daß es für irgendwas nötig gewesen wäre.
Aber nicht vergeblich
Haben seine verschwundenen Vorfahren
Ihn aufkommen lassen
Für diesen Augenblick im eigenen kleinen Garten
Denn da unter ihm
Da lauert, gedeiht er und wartet: sein Rasen
Da wächst es und wächst
Entgegen seiner Auffassung von einem Ideal
– Aber das Ideal ist das Mähen
Die Schufterei –
Ganz absichtlich wächst gegen und für ihn
Sein höchst allgemeingültiges Gras.

# Verwunschener Moment

Von da an gab ich acht:
Dieses Geräusch VERGANGENHEIT
War JETZT, war jetzt der Augenblick
Und war ein Augenblick von wann nur
So tief versteckt und so verwunschen.
Ich gab acht: auf weiter nichts
Als nun schon wieder, eben gerade
Damals, weit entfernt und
Dicht an meinem Ohr: Geräusch
Von Zeitungsseiten, Blättern
Ich fuhr auf, bin stillgeblieben
Inmitten der Gewohnheit
Und wie immer gegen 14 Uhr
Das Zeitunglesen, der Espresso
Mein Sog nach rückwärts
Endlich bin ich eingekehrt
In einen Fiebernachmittag im Sommer
Nun ist Herbst, wir sind im Zimmer
Ruckartig früher war es jetzt
Im Freien, meine Kindheit, ich lag krank
Im Schatten, meine Hängematte
Wie vielgestaltig ist der alte Garten
Ich bin im Schatten, jemand wachte
Bei mir, als Zeitungsseiten
Sich bewegten, dann gesund geworden
Laubmuster um uns, Umblättern, in Blättern
Licht das zuckte ... Wohin zurück
Wohin nach vorne? HOCHGESTECKTES ZIEL
Wer raschelt denn

In dem Moment jetzt
Mit den Zeitungsseiten?
Ich gab weiter acht und schaute zu dir hin
Als wäre jetzt nicht damals
Du hast dich ja festgelesen
In deinem schon für länger
Wunschgemäß geknifften Zeitungsteil.
Da bin ich stolz auf mich geworden:
Auf eine also
Die ganz ernstzunehmen war
Zurechnungsfähig und erwachsen
Genug um in der Zeitung hin und her zu lesen
Jemand, der abonnieren konnte
Abbuchen lassen, Steuern zahlen.
Ein Mitglied der Gesellschaft
Auffindbar im Adreßbuch
Hat dieses Rascheln jetzt
Es war von damals auch
Besorgt! Ich gab gut acht
In meinem Halbschlaf hellwach
Verwunschener Moment Gleichzeitigkeit
Darin ich auf mich selber stieß
Auf mich als doppelte Person
Als Zweite, zweimal, in
Dem einen Atemzug von eben
Jetzt viel früher, ganz von fern
Fremd urvertraut das raschelnde
Geräusch, Umblättern, Zeitungsseiten
Was gab es damals Neues
Was hat in einem Fiebersommer
Der auf mich achtgab denn erfahren
Jetzt – doppelt – gab ich acht
Auf diesen Augenblick mit uns

In der Minute 14 Uhr
Beim wahren Imitieren von der
Echten Fälschung: kurzfristig
War ich für völlig vollzunehmen
Plötzlich erwachsen, einsichtig genug
Für einen schnellen sehr erschreckten
Und hocherfreuten Blick
Auf EWIGKEIT, den angenehmen Schnappschuß.

## Ungeduld

Es regnet zu selten
Ich mache mir Sorgen
Es ist viel zu windig
Ich warte so weiter
Auf anderes Wetter
Auf etwas zum Zeichen
Den Hinweis, ich mache
Mir immer die ähnlichen
Sorgen, die Ungeduld steigert
Und steigert sich weiter
Es ist viel zu trocken
Das lohnt sich zu fragen
Was machen wir morgen
Mich kümmert auch das noch
Dein Kopfweh, mein Halsweh
Zu blau dieser Himmel
Du sollst dich nicht bücken
Zerfahrene Lage
Der Bäume, kaum Schatten
Es nützt doch zu hoffen
Auf bessere Zeiten
Schlaf gut, DEIN REICH KOMME
Das dauert und dauert
Schlaf ein, ich will wissen
Ob du nicht verzagt bist
So ähnlich wie immer
Wie demnächst und damals
Kaum Wolken, kein Regen
Wie soll es das wert sein

Wann wird denn gestorben
Noch immer kein Wünschen
Zu enden von nun an
Erwachst du schon wieder
Auch heute, kein Regen
Wie lang das schon dauert
Dich lieben, auch Halsweh
Die Zeit wird schon kürzer
Ich will nur noch einmal
Die Strecke zum Waldrand
Mit ganzer Empfindung
Wenn Regen bevorsteht
Den Satz wiederholen
Und doch weiter warten
Mit ähnlichen Sorgen
Ich messe mein Fieber
Ich gebe Befehle
Sei fröhlich, fang an jetzt
Mit Klugheit, dem Sterben
War das denn schon alles
Es hat lang gedauert
Es war immer ähnlich
Und meistens zu trocken
Schön will ich es finden
Kaum wechselnde Sorgen
Das Warten auf Regen,
Den Abend am Morgen.

# Inhalt

Diese Gedichte entstanden zwischen Januar und Mai
1980 und sind hier chronologisch geordnet.